FOREWORD

The collection of "Everything Will Be Okay" travel phrasebooks published by T&P Books is designed for people traveling abroad for tourism and business. The phrasebooks contain what matters most - the essentials for basic communication. This is an indispensable set of phrases to "survive" while abroad.

This phrasebook will help you in most cases where you need to ask something, get directions, find out how much something costs, etc. It can also resolve difficult communication situations where gestures just won't help.

This book contains a lot of phrases that have been grouped according to the most relevant topics. You'll also find a mini dictionary with useful words - numbers, time, calendar, colors…

Take "Everything Will Be Okay" phrasebook with you on the road and you'll have an irreplaceable traveling companion who will help you find your way out of any situation and teach you to not fear speaking with foreigners.

TABLE OF CONTENTS

Pronunciation	5
List of abbreviations	7
English-Thai phrasebook	9
Mini Dictionary	77

T&P Books Publishing

Travel phrasebooks collection
«Everything Will Be Okay!»

T&P Books Publishing

PHRASEBOOK
—THAI—

THE MOST IMPORTANT PHRASES

This phrasebook contains the most important phrases and questions for basic communication
Everything you need to survive overseas

By Andrey Taranov

Phrasebook + 250-word dictionary

English-Thai phrasebook & mini dictionary
By Andrey Taranov

The collection of "Everything Will Be Okay" travel phrasebooks published by T&P Books is designed for people traveling abroad for tourism and business. The phrasebooks contain what matters most - the essentials for basic communication. This is an indispensable set of phrases to "survive" while abroad.

You'll also find a mini dictionary with 250 useful words required for everyday communication - the names of months and days of the week, measurements, family members, and more.

Copyright © 2019 T&P Books Publishing

All rights reserved. No part of this book may be reproduced or utilized in any form or by any means, electronic or mechanical, including photocopying, recording or by information storage and retrieval system, without permission in writing from the publishers.

T&P Books Publishing
www.tpbooks.com

ISBN: 978-1-83955-078-2

This book is also available in E-book formats.
Please visit www.tpbooks.com or the major online bookstores.

PRONUNCIATION

T&P phonetic alphabet	Thai example	English example

Vowels

[a]	ห้า [hâ:] – hâa	shorter than in ask
[e]	เป็นลม [pen lom] – bpen lom	elm, medal
[i]	วินัย [wíʔ naj] – wí–nai	shorter than in feet
[o]	โกน [ko:n] – gohn	pod, John
[u]	ขุ่นเคือง [kʰùn kʰɯ:aŋ] – khùn kheuang	book
[aa]	ราคา [ra: kʰa:] – raa–khaa	calf, palm
[oo]	ภูมิใจ [pʰu:m tɕaj] – phoom jai	pool, room
[ee]	บัญชี [ban tɕʰi:] – ban–chee	feet, meter
[ɯ]	เดือน [dɯ:an] – deuan	similar to a longue schwa sound
[ɤ]	เงิน [ŋɤn] – ngern	e in "the"
[ae]	แปล [plɛ:] – bplae	longer than bed, fell
[ay]	เลข [lê:k] – lâyk	longer than in bell
[ai]	ไปป์ [paj] – bpai	time, white
[oi]	โพย [pʰo:j] – phoi	oil, boy, point
[ya]	สัญญา [sǎn ja:] – sǎn–yaa	Kenya, piano
[ɤ:i]	อบเชย [ʔòp tɕʰɤ:j] – òp–choie	Combination [ə:i]
[i:a]	หน้าเชียว [nâ: si:aw] – nâa sieow	year, here

Initial consonant sounds

[b]	บาง [ba:ŋ] – baang	baby, book
[d]	สีแดง [sǐ: dɛ:ŋ] – sěe daeng	day, doctor
[f]	มันฝรั่ง [man fà ràŋ] – man fà–ràng	face, food
[h]	เฮลซิงกิ [he:n siŋ kìʔ] – hayn–sing–gì	home, have
[y]	ยี่สิบ [jîː sìp] – yêe sìp	yes, New York
[g]	กรง [kroŋ] – grorng	game, gold
[kh]	เลขา [le: kʰǎ:] – lay–khǎa	work hard
[l]	เล็ก [lék] – lék	lace, people
[m]	เมลอน [me: lɔ:n] – may–lorn	magic, milk
[n]	หนัง [nǎŋ] – nǎng	name, normal
[ng]	เงือก [ŋɯ:ak] – ngêuak	English, ring
[bp]	เป็น [pen] – bpen	pencil, private
[ph]	เผา [pʰàw] – phào	top hat

T&P phonetic alphabet	Thai example	English example
[r]	เบอร์รี่ [bɤː rîː] – ber–rêe	rice, radio
[s]	ซ่อน [sôn] – sôrn	city, boss
[dt]	ดนตรี [don triː] – don–dtree	tourist, trip
[j]	ปั้นจั่น [pân tɕàn] – bpân jàn	cheer
[ch]	วิชา [wiʔ tɕʰaː] – wí–chaa	hitchhiker
[th]	แถว [tʰɛːw] – thǎe	don't have
[w]	เคียว [kʰiːaw] – khieow	vase, winter

Final consonant sounds

[k]	แม่เหล็ก [mɛː lèk] – mâe lèk	clock, kiss
[m]	เพิ่ม [pʰɤːm] – phêrm	magic, milk
[n]	เนียน [niːan] – nian	name, normal
[ng]	เป็นห่วง [pen hùːaŋ] – bpen hùang	English, ring
[p]	ไม่ขยับ [mâj kʰà ja p] – mâi khà–yàp	pencil, private
[t]	ลูกเป็ด [lûːk pèt] – lôok bpèt	tourist, trip

Comments

Mid tone - [ā] การคูณ [gaan khon]
Low tone - [à] แจกจ่าย [jàek jàai]
Falling tone - [â] แต่ม [dtâem]
High tone - [á] แซ็กโซโฟน [sáek-soh-fohn]
Rising tone - [ǎ] เนินเขา [nern khǎo]

LIST OF ABBREVIATIONS

English abbreviations

ab.	-	about
adj	-	adjective
adv	-	adverb
anim.	-	animate
as adj	-	attributive noun used as adjective
e.g.	-	for example
etc.	-	et cetera
fam.	-	familiar
fem.	-	feminine
form.	-	formal
inanim.	-	inanimate
masc.	-	masculine
math	-	mathematics
mil.	-	military
n	-	noun
pl	-	plural
pron.	-	pronoun
sb	-	somebody
sing.	-	singular
sth	-	something
v aux	-	auxiliary verb
vi	-	intransitive verb
vi, vt	-	intransitive, transitive verb
vt	-	transitive verb

THAI PHRASEBOOK

This section contains important phrases that may come in handy in various real-life situations.
The phrasebook will help you ask for directions, clarify a price, buy tickets, and order food at a restaurant

T&P Books Publishing

PHRASEBOOK CONTENTS

The bare minimum	12
Questions	15
Needs	16
Asking for directions	18
Signs	20
Transportation. General phrases	22
Buying tickets	24
Bus	26
Train	28
On the train. Dialogue (No ticket)	30
Taxi	32
Hotel	34
Restaurant	37
Shopping	39
In town	41
Money	43

Time	45
Greetings. Introductions	47
Farewells	49
Foreign language	51
Apologies	53
Agreement	54
Refusal. Expressing doubt	55
Expressing gratitude	57
Congratulations. Best wishes	59
Socializing	60
Sharing impressions. Emotions	63
Problems. Accidents	65
Health problems	68
At the pharmacy	71
The bare minimum	73

The bare minimum

Excuse me, ...	ขอโทษครับ /ค่ะ/ khǒr thôht khráp /khâ/
Hello.	สวัสดีครับ /สวัสดีค่ะ/ sà-wàt-dee khráp /sà-wàt-dee khâ/
Thank you.	ขอบคุณครับ /ค่ะ/ khòrp khun khráp /khâ/
Good bye.	สวัสดีครับ /สวัสดีค่ะ/ sà-wàt-dee khráp /sà-wàt-dee khâ/
Yes.	ใช่ châi
No.	ไม่ใช่ mâi châi
I don't know.	ผม /ฉัน/ ไม่ทราบ phǒm /chǎn/ mâi-sâap
Where? | Where to? | When?	ที่ไหน | ไปที่ไหน | เมื่อไหร่ thêe nǎi | bpai thêe nǎi | mêua rài

I need ...	ผม /ฉัน/ ต้องการ... phǒm /chǎn/ dtôrng gaan...
I want ...	ผม /ฉัน/ ต้องการ... phǒm /chǎn/ dtôrng gaan...
Do you have ...?	คุณมี...ไหมครับ /ค่ะ/ khun mee...mǎi khráp /khá/
Is there a ... here?	ที่นี่มี...ไหม thêe nêe mee...mǎi
May I ...?	ผม /ฉัน/ ขออนุญาต... phǒm /chǎn/ khǒr a-nú-yâat...
..., please (polite request)	โปรด... bpròht...

I'm looking for ...	ผม /ฉัน/ กำลังหา... phǒm /chǎn/ gam-lang hǎa...
the restroom	ห้องน้ำ hôrng náam
an ATM	เอทีเอ็ม ay thee em
a pharmacy (drugstore)	ร้านขายยา ráan khǎai yaa
a hospital	โรงพยาบาล rohng phá-yaa-baan
the police station	สถานีตำรวจ sà-thǎa-nee dtam-rùat
the subway	รถไฟใต้ดิน rót fai dtâi din

a taxi	รถแท็กซี่ rót tháek-sêe
the train station	สถานีรถไฟ sà-thăa-nee rót fai

My name is ...	ผม /ฉัน/ ชื่อ... phŏm /chăn/ chêu...
What's your name?	คุณชื่ออะไรครับ /คะ/ khun chêu a-rai khráp /khá/
Could you please help me?	ขอช่วยผมหน่อยครับ /ขอช่วยฉันหน่อยคะ/ khŏr chûay phŏm nòi khráp /khŏr chûay chăn nòi khá/
I've got a problem.	ผม /ฉัน/ มีปัญหา phŏm /chăn/ mee bpan-hăa
I don't feel well.	ผม /ฉัน/ รู้สึกไม่สบาย phŏm /chăn/ róo sèuk mâi sà-baai
Call an ambulance!	ขอเรียกรถพยาบาล! khŏr rîak rót phá-yaa-baan
May I make a call?	ผม /ฉัน/ โทรศัพท์ได้ไหม phŏm /chăn/ thoh-rá-sàp dâai măi

I'm sorry.	ขอโทษ khŏr thôht
You're welcome.	ไม่เป็นไรครับ /ค่ะ/ mâi bpen rai khráp /khâ/

I, me	ผม /ฉัน/ phŏm /chăn/
you (inform.)	คุณ khun
he	เขา khăo
she	เธอ ther
they (masc.)	พวกเขา phûak khăo
they (fem.)	พวกเขา phûak khăo
we	เรา rao
you (pl)	คุณทั้งหลาย khun tháng lăai
you (sg, form.)	ท่าน thân

ENTRANCE	ทางเข้า thaang khâo
EXIT	ทางออก thaang òrk
OUT OF ORDER	เสีย sĭa

CLOSED	ปิด bpìt
OPEN	เปิด bpèrt
FOR WOMEN	สำหรับผู้หญิง sǎm-ràp phôo yǐng
FOR MEN	สำหรับผู้ชาย sǎm-ràp phôo chaai

Questions

Where?	ที่ไหน thêe nǎi
Where to?	ไปที่ไหน bpai thêe nǎi
Where from?	มาจากไหน maa jàak nǎi
Why?	ทำไม tham-mai
For what reason?	ด้วยเหตุผลอะไร dûay hàyt phǒn a-rai
When?	เมื่อไหร่ mêua rài

How long?	นานแค่ไหน naan khâe nǎi
At what time?	กี่โมง gèe mohng
How much?	ราคาเท่าไหร่ raa-khaa thâo rài
Do you have ...?	คุณมี...ไหมครับ /คะ/ khun mee...mǎi khráp /khá/
Where is ...?	...อยู่ที่ไหน ...yòo thêe nǎi

What time is it?	กี่โมงแล้ว gèe mohng láew
May I make a call?	ผม /ฉัน/ โทรศัพท์ได้ไหม phǒm /chǎn/ thoh-rá-sàp dâai mǎi
Who's there?	ใครอยู่ที่นั่น khrai yòo thêe nân
Can I smoke here?	ผม /ฉัน/ สูบบุหรี่ที่นี่ได้ไหม phǒm /chǎn/ sòop bù rèe thêe nêe dâai mǎi
May I ...?	ผม /ฉัน/... ได้ไหม phǒm /chǎn/... dâai mǎi

Needs

I'd like …	ผม /ฉัน/ ต้องการ phŏm /chăn/ dtôrng gaan
I don't want …	ผม /ฉัน/ ไม่ต้องการ phŏm /chăn/ mâi dtôrng gaan
I'm thirsty.	ผม /ฉัน/ หิวน้ำ phŏm /chăn/ hĭw náam
I want to sleep.	ผม /ฉัน/ ต้องการนอน phŏm /chăn/ dtônrg gaan norn

I want …	ผม /ฉัน/ ต้องการ... phŏm /chăn/ dtôrng gaan…
to wash up	ล้างหน้า láang nâa
to brush my teeth	แปรงฟัน bpraeng fan
to rest a while	พักนิดหน่อย phák nít nòi
to change my clothes	เปลี่ยนเสื้อผ้า bplian sêua phâa

to go back to the hotel	กลับไปที่โรงแรม glàp bpai thêe rohng raem
to buy …	ซื้อ... séu…
to go to …	ไป... bpai…
to visit …	ไปเยี่ยม... bpai yîam…
to meet with …	พบกับ... phóp gàp…
to make a call	โทรศัพท์ thoh-rá-sàp

I'm tired.	ผม /ฉัน/ เหนื่อย phŏm /chăn/ nèuay
We are tired.	เราเหนื่อย rao nèuay
I'm cold.	ผม /ฉัน/ หนาว phŏm /chăn/ năao
I'm hot.	ผม /ฉัน/ ร้อน phŏm /chăn/ rórn
I'm OK.	ผม /ฉัน/ โอเค phŏm /chăn/ oh khay

I need to make a call.	ผม /ฉัน/ ต้องการโทรศัพท์
	phǒm /chǎn/ dtôrng gaan thoh-rá-sàp
I need to go to the restroom.	ผม /ฉัน/ ต้องการไปห้องน้ำ
	phǒm /chǎn/ dtôrng gaan bpai hôrng náam
I have to go.	ผม /ฉัน/ ต้องไปแล้ว
	phǒm /chǎn/ dtôrng bpai láew
I have to go now.	ตอนนี้ผม /ฉัน/ ต้องไปแล้ว
	dton-née phǒm /chǎn/ dtôrng bpai láew

Asking for directions

Excuse me, ...	ขอโทษครับ /ค่ะ/ khǒr thôht khráp /khâ/
Where is ...?	...อยู่ที่ไหน ...yòo thêe nǎi
Which way is ...?	...ไปทางไหนครับ /คะ/ ...bpai thaang nǎi khráp /khá/
Could you help me, please?	ขอช่วยผมหน่อยครับ /ขอช่วยฉันหน่อยคะ/ khǒr chûay phǒm nòi khráp /khǒr chûay chǎn nòi khá/
I'm looking for ...	ผม /ฉัน/ กำลังหา... phǒm /chǎn/ gam-lang hǎa...
I'm looking for the exit.	ผม /ฉัน/ กำลังหา ทางออกครับ /คะ/ phǒm /chǎn/ gam-lang hǎa thaang òrk khráp /khá/
I'm going to ...	ผม /ฉัน/ กำลังไป... phǒm /chǎn/ gam-lang bpai...
Am I going the right way to ...?	ผม /ฉัน/ ไป... ถูกไหม phǒm /chǎn/ bpai... thòok mǎi
Is it far?	อยู่ไกลไหม yòo glai mǎi
Can I get there on foot?	ผม /ฉัน/ เดินไปที่นั่นได้ไหม phǒm /chǎn/ dern bpai thêe nân dâai mǎi
Can you show me on the map?	ขอชี้...ในแผนที่ ให้ดูครับ /คะ/ khǒr chée...nai phǎen thêe hâi doo khráp /khá/
Show me where we are right now.	ขอชี้...ว่าตอนนี้เรา อยู่ที่ไหนครับ /คะ/ khǒr chée...wâa dton-née rao yòo thêe nǎi khráp /khá/
Here	ที่นี่ thêe nêe
There	ที่นั่น thêe nân
This way	ทางนี้ thaang née
Turn right.	เลี้ยวขวา líeow khwǎa

Turn left.	เลี้ยวซ้าย
	líeow sáai
first (second, third) turn	การเลี้ยว แรก (ที่สอง, ที่สาม)
	gaan líeow · râek (thêe sǒng, thêe sǎam)
to the right	ไปทางขวา
	bpai thaang khwǎa
to the left	ไปทางซ้าย
	bpai thaang sáai
Go straight ahead.	ไปตรง
	bpai dtrong

Signs

WELCOME!	ยินดีต้อนรับ!
	yin dee dtôn ráp
ENTRANCE	ทางเข้า
	thaang khâo
EXIT	ทางออก
	thaang òrk
PUSH	ผลัก
	phlàk
PULL	ดึง
	deung
OPEN	เปิด
	bpèrt
CLOSED	ปิด
	bpìt
FOR WOMEN	สำหรับผู้หญิง
	săm-ràp phôo yĭng
FOR MEN	สำหรับผู้ชาย
	săm-ràp phôo chaai
GENTLEMEN, GENTS	สุภาพบุรุษ (ผู้ชาย)
	sù-phâap bù-rùt (phôo chaai)
WOMEN	สุภาพสตรี (ผู้หญิง)
	sù-phâap sàt-dtree (phôo yĭng)
DISCOUNTS	ลดราคา
	lót raa-khaa
SALE	ขายของลดราคา
	khăai khŏrng lót raa-khaa
FREE	ฟรี
	free
NEW!	ใหม่!
	mài
ATTENTION!	โปรดทราบ!
	bpròht sâap
NO VACANCIES	ไม่ว่าง
	mâi wâang
RESERVED	จองแล้ว
	jorng láew
ADMINISTRATION	การบริหาร
	gaan bor-rí-hăan
STAFF ONLY	เฉพาะพนักงาน
	chà-phór phá-nák ngaan

BEWARE OF THE DOG!	ระวังสุนัข! rá-wang sù-nák
NO SMOKING!	ห้ามสูบบุหรี่! hâam sòop bù rèe
DO NOT TOUCH!	ห้ามแตะ! hâam dtàe
DANGEROUS	อันตราย an-dtà-raai
DANGER	อันตราย an-dtà-raai
HIGH VOLTAGE	ไฟฟ้าแรงสูง fai fáa raeng sŏong
NO SWIMMING!	ห้ามว่ายน้ำ hâam wâai náam
OUT OF ORDER	เสีย sĭa
FLAMMABLE	อันตรายติดไฟ an-dtà-raai dtìt fai
FORBIDDEN	ห้าม hâam
NO TRESPASSING!	ห้ามบุกรุก! hâam bùk rúk
WET PAINT	สียังไม่แห้ง sĕe yang mâi hâeng
CLOSED FOR RENOVATIONS	ปิดปรับปรุง bpìt bpràp bprung
WORKS AHEAD	งานก่อสร้าง ngaan gòr sâang
DETOUR	ทางเบี่ยง thaang bìang

Transportation. General phrases

plane	เครื่องบิน khrêuang bin
train	รถไฟ rót fai
bus	รถเมล์ rót may
ferry	เรือข้ามฟาก reua khâam fâak
taxi	รถแท็กซี่ rót tháek-sêe
car	รถยนต์ rót yon

schedule	ตารางเวลา dtaa-raang way-laa
Where can I see the schedule?	ผม /ฉัน/ ดูตารางเวลาได้ที่ไหน phŏm /chăn/ doo dtaa-raang way-laa dâai thêe năi

workdays (weekdays)	วันทำงาน wan tham ngaan
weekends	วันหยุดสุดสัปดาห์ wan yùt sùt sàp-daa
holidays	วันหยุด wan yùt

DEPARTURE	ขาออก khăa òrk
ARRIVAL	ขาเข้า khăa khâo
DELAYED	ล่าช้า lâa cháa
CANCELLED	ยกเลิก yók lêrk

next (train, etc.)	ถัดไป thàt bpai
first	แรก râek
last	สุดท้าย sùt tháai

When is the next ...?	**...เที่ยวถัดไปออกเมื่อไหร่**
	...thîeow thàt bpai òk mêua rài
When is the first ...?	**...เที่ยวแรกออกเมื่อไหร่**
	...thîeow râek òrk mêua rài
When is the last ...?	**...เที่ยวสุดท้ายออกเมื่อไหร่**
	...thîeow sùt tháai òk mêua rài
transfer (change of trains, etc.)	**การเปลี่ยนสาย**
	gaan bplìan sǎai
to make a transfer	**เปลี่ยนสาย**
	bplìan sǎai
Do I need to make a transfer?	**ผม /ฉัน/ ต้องเปลี่ยนสายไหม**
	phǒm /chǎn/ dtôrng bplìan sǎai mǎi

Buying tickets

Where can I buy tickets?	ผม /ฉัน/ ซื้อตั๋วได้ที่ไหน phǒm /chǎn/ séu dtǔa dâai thêe nǎi
ticket	ตั๋ว dtǔa
to buy a ticket	ซื้อตั๋ว séu dtǔa
ticket price	ราคาตั๋ว raa-khaa dtǔa
Where to?	ไปไหน bpai nǎi
To what station?	ไปสถานีไหน bpai sà-thǎa-nee nǎi
I need ...	ผม /ฉัน/ ต้องการ... phǒm /chǎn/ dtôrng gaan...
one ticket	ตั๋วหนึ่งใบ dtǔa nèung bai
two tickets	ตั๋วสองใบ dtǔa sǒng bai
three tickets	ตั๋วสามใบ dtǔa sǎam bai
one-way	เที่ยวเดียว thîeow dieow
round-trip	ไปกลับ bpai glàp
first class	ชั้นหนึ่ง chán nèung
second class	ชั้นสอง chán sǒng
today	วันนี้ wan née
tomorrow	พรุ่งนี้ phrûng-née
the day after tomorrow	มะรืน má-reun
in the morning	ตอนเช้า dtorn-cháo
in the afternoon	ตอนบ่าย dtorn-bàai
in the evening	ตอนเย็น dtorn-yen

aisle seat	ที่นั่งติดทางเดิน thêe nâng dtìt thaang dern
window seat	ที่นั่งติดหน้าต่าง thêe nâng dtìt nâa dtàang
How much?	ราคาเท่าไหร่ raa-khaa thâo rài
Can I pay by credit card?	ผม /ฉัน/ จ่ายด้วยบัตรเครดิตได้ไหม phŏm /chăn/ jàai dûay bàt khray-dìt dâai măi

Bus

bus	รถเมล์ rót may
intercity bus	รถเมล์วิ่งระหว่างเมือง rót may wîng rá-wàang meuang
bus stop	ป้ายรถเมล์ bpâai rót may
Where's the nearest bus stop?	ป้ายรถเมล์ที่ใกล้ที่สุดอยู่ที่ไหน bpâai rót may thêe glâi thêe sùt yòo thêe nǎi
number (bus ~, etc.)	หมายเลข mǎai lâyk
Which bus do I take to get to …?	ผม /ฉัน/ ควรนั่งรถเมล์สายไหนที่จะไป… phǒm /chǎn/ khuan nâng rót may sǎai nǎi thêe jà bpai…
Does this bus go to …?	รถเมล์สายนี้ไป…หรือไม่ rót may sǎai née bpai…rěu mâi
How frequent are the buses?	รถเมล์มาบ่อยแค่ไหน rót may maa bòi khâe nǎi
every 15 minutes	ทุก 15 นาที thúk sìp hâa · naa-thee
every half hour	ทุกครึ่งชั่วโมง thúk khrêung chûa mohng
every hour	ทุกชั่วโมง thúk chûa mohng
several times a day	วันละหลายครั้ง wan lá lǎai khráng
… times a day	วันละ…ครั้ง wan lá…khráng
schedule	ตารางเวลา dtaa-raang way-laa
Where can I see the schedule?	ผม /ฉัน/ ดูตารางเวลาได้ที่ไหน phǒm /chǎn/ doo dtaa-raang way-laa dâai thêe nǎi
When is the next bus?	รถเมล์ถัดไปมาเมื่อไหร่ rót may thàt bpai maa mêua rài
When is the first bus?	รถเมล์แรกออกเมื่อไหร่ rót may râek òk mêua rài
When is the last bus?	รถเมล์สุดท้ายออกเมื่อไหร่ rót may sùt tháai òrk mêua rài

stop	ป้าย bpâai
next stop	ป้ายหน้า bpâai nâa
last stop (terminus)	ป้ายสุดท้าย bpâai sùt tháai
Stop here, please.	กรุณาจอดที่นี่ครับ /ค่ะ/ gà-rú-naa jòrt thêe nêe khráp /khâ/
Excuse me, this is my stop.	ขอโทษ ผม /ฉัน/ . ขอลงป้ายนี้ครับ /คะ/ khǒr thôht · phǒm /chǎn/ khǒr long bpâai née khráp /khâ/

Train

train	รถไฟ rót fai
suburban train	รถไฟชานเมือง rót fai chaan meuang
long-distance train	รถไฟทางไกล rót fai thaang glai
train station	สถานีรถไฟ sà-thǎa-nee rót fai
Excuse me, where is the exit to the platform?	ขอโทษ ทางออกไปยังชานชาลาอยู่ที่ไหน khǒr thôht thaang òrk bpai yang chaan chaa-laa yòo thêe nǎi
Does this train go to …?	รถไฟนี้ไป...ไหม rót fai née bpai…mǎi
next train	รถไฟขบวนถัดไป rót fai khà-buan thàt bpai
When is the next train?	รถไฟขบวนถัดไปมาเมื่อไหร่ rót fai khà-buan thàt bpai maa mêua rài
Where can I see the schedule?	ผม /ฉัน/ ดูตารางเวลาได้ที่ไหน phǒm /chǎn/ doo dtaa-raang way-laa dâai thêe nǎi
From which platform?	จากชานชาลาไหน jàak chaan chaa-laa nǎi
When does the train arrive in …?	รถไฟมาถึง...เมื่อไหร่ rót fai maa thěung…mêua rài
Please help me.	กรุณาช่วยผม /ฉัน/ gà-rú-naa chûay phǒm /chǎn/
I'm looking for my seat.	ผม /ฉัน/ กำลังหาที่นั่งของผม /ฉัน/ phǒm /chǎn/ gam-lang hǎa thêe nâng khǒrng phǒm /chǎn/
We're looking for our seats.	เรากำลังหาที่นั่งของเรา rao gam-lang hǎa thêe nâng khǒrng rao
My seat is taken.	มีคนเอาที่นั่งของผม /ฉัน/ แล้ว mee khon ao thêe nâng khǒrng phǒm /chǎn/ láew
Our seats are taken.	มีคนเอาที่นั่งของเราแล้ว mee khon ao thêe nâng khǒrng rao láew

I'm sorry but this is my seat.	ขอโทษ แต่นี่คือที่นั่งของผม /ฉัน/ khŏr thôht · dtàe nêe kheu thêe nâng khŏrng phŏm /chăn/
Is this seat taken?	มีคนนั่งที่นี่ไหม mee khon nâng thêe nêe măi
May I sit here?	ผม /ฉัน/ นั่งที่นี่ได้ไหม phŏm /chăn/ nâng thêe née dâai măi

On the train. Dialogue (No ticket)

Ticket, please.	ขอดูตั๋วครับ /ค่ะ/
	khǒr doo dtǔa khráp /khâ/
I don't have a ticket.	ผม /ฉัน/ ไม่มีตั๋ว
	phǒm /chǎn/ mâi mee dtǔa
I lost my ticket.	ผม /ฉัน/ ทำตั๋ว ของผม /ฉัน/ หาย
	phǒm /chǎn/ tham dtǔa khǒrng phǒm /chǎn/ hǎai
I forgot my ticket at home.	ผม /ฉัน/ ลืมตั๋วของผม /ฉัน/ ไว้ที่บ้าน
	phǒm /chǎn/ leum dtǔa khǒrng phǒm /chǎn/ wái thêe bâan

You can buy a ticket from me.	คุณซื้อตั๋วได้ที่ผมได้ครับ / คุณซื้อตั๋วได้ที่ฉันได้คะ
	khun séu dtǔa thêe phǒm dâai khráp / khun séu dtǔa thêe chǎn dâai khâ
You will also have to pay a fine.	คุณยังต้องจ่ายค่าปรับด้วย
	khun yang dtôrng jàai khâa bpràp dûay
Okay.	โอเค
	oh khay
Where are you going?	คุณไปไหน
	khun bpai nǎi
I'm going to …	ผม /ฉัน/ กำลังไป
	phǒm /chǎn/ gam-lang bpai

How much? I don't understand.	เท่าไหร่ ผม /ฉัน/ ไม่เข้าใจ
	thâo rài · phǒm /chǎn/ mâi khâo jai
Write it down, please.	กรุณาเขียนให้ดูครับ /ค่ะ/
	gà-rú-naa khǐan hâi doo khráp /khâ/
Okay. Can I pay with a credit card?	โอเค ผม /ฉัน/ จ่ายด้วยบัตรเครดิตได้ไหม
	oh khay · phǒm /chǎn/ jàai dûay bàt khray-dìt dâai mǎi
Yes, you can.	ได้ครับ /ค่ะ/
	dâai khráp /khâ/

Here's your receipt.	นี่คือใบเสร็จของคุณครับ /ค่ะ/
	nêe kheu bai sèt khǒrng khun khráp /khâ/
Sorry about the fine.	เสียใจด้วยค่าปรับ
	sǐa jai dûay khâa bpràp

That's okay. It was my fault.	ไม่เป็นไรหรอก เป็นความผิด ของผม /ฉัน/ เอง mâi bpen rai ròk · bpen khwaam phìt khǒrng phǒm /chǎn/ ayng
Enjoy your trip.	ขอให้เที่ยวให้สนุกครับ /ค่ะ/ khǒr hâi thîeow hâi sà-nùk khráp /khâ/

Taxi

taxi	รถแท็กซี่ rót tháek-sêe
taxi driver	คนขับรถแท็กซี่ khon khàp rót tháek-sêe
to catch a taxi	เรียกรถแท็กซี่ rîak rót táek-sêe
taxi stand	ที่จอดรถแท็กซี่ thêe jòrt rót tháek sêe
Where can I get a taxi?	ผม /ฉัน/ เอารถแท็กซี่ได้ที่ไหน phŏm /chăn/ ao rót tháek-sêe dâai thêe năi
to call a taxi	เรียกรถแท็กซี่ rîak rót táek-sêe
I need a taxi.	ผม /ฉัน/ ต้องการเรียกรถแท็กซี่ phŏm /chăn/ dtôrng gaan rîak rót tháek-sêe
Right now.	ตอนนี้ dtorn-née
What is your address (location)?	ที่อยู่ของคุณคืออะไร thêe yòo khŏrng khun kheu a-rai
My address is …	ที่อยู่ของผม /ฉัน/ คือ... thêe yòo khŏrng phŏm /chăn/ kheu…
Your destination?	คุณไปที่ไหน khun bpai thêe năi
Excuse me, …	ขอโทษครับ /ค่ะ/ khŏr thôht khráp /khâ/
Are you available?	คุณว่างไหมครับ /คะ/ khun wâang măi khráp /khá/
How much is it to get to …?	ไป...ราคาเท่าไหร่ bpai…raa-khaa thâo rài
Do you know where it is?	คุณรู้ไหมว่ามันอยู่ที่ไหนครับ /คะ/ khun róo măi wâa man yòo thêe năi khráp /khá/
Airport, please.	ไปสนามบินครับ /ค่ะ/ bpai sà-năam bin khráp /khâ/
Stop here, please.	กรุณาจอดที่นี่ครับ /ค่ะ/ gà-rú-naa jòrt thêe nêe khráp /khâ/
It's not here.	ไม่ใช่ที่นี่ mâi châi thêe nêe

This is the wrong address.	ที่อยู่นี้ผิด thêe yòo née phìt
Turn left.	เลี้ยวซ้าย líeow sáai
Turn right.	เลี้ยวขวา líeow khwăa

How much do I owe you?	ผม /ฉัน/ ต้องจ่ายเท่าไร phŏm /chăn/ dtôrng jàai thâo rai
I'd like a receipt, please.	ขอใบเสร็จครับ /คะ/ khŏr bai sèt khráp /khâ/
Keep the change.	เก็บเงินทอนไว้เถอะ gèp ngern thorn wái thùh

Would you please wait for me?	ขอรอผมครับ /ฉันคะ/ khŏr ror phŏm khráp /chăn khá/
five minutes	ห้านาที hâa naa-thee
ten minutes	สิบนาที sìp naa-thee
fifteen minutes	สิบห้านาที sìp hâa naa-thee
twenty minutes	ยี่สิบนาที yêe sìp naa-thee
half an hour	ครึ่งชั่วโมง khrêung chûa mohng

Hotel

Hello.	สวัสดีครับ /ค่ะ/ sà-wàt-dee khráp /khâ/
My name is ...	ผม /ฉัน/ ชื่อ... phǒm /chǎn/ chêu...
I have a reservation.	ผม /ฉัน/ ได้จองห้องไว้แล้ว phǒm /chǎn/ dâai jorng hôrng wái láew
I need ...	ผม /ฉัน/ ต้องการ... phǒm /chǎn/ dtôrng gaan...
a single room	ห้องเตียงเดี่ยว hôrng dtiang dìeow
a double room	ห้องเตียงคู่ hôrng dtiang khôo
How much is that?	ราคาเท่าไหร่ raa-khaa thâo rài
That's a bit expensive.	ค่อนข้างแพง khôrn khâang phaeng
Do you have anything else?	คุณมีอะไรอย่างอื่นไหมครับ /คะ/ khun mee a-rai yàang èun mǎi khráp /khá/
I'll take it.	ผม /ฉัน/ จะเอาอันนี้ phǒm /chǎn/ jà ao an née
I'll pay in cash.	ผม /ฉัน/ จะจ่ายเป็นเงินสด phǒm /chǎn/ jà jàai bpen ngern sòt
I've got a problem.	ผม /ฉัน/ มีปัญหา phǒm /chǎn/ mee bpan-hǎa
My ... is broken.	...ของผม /ฉัน/ แตก ...khǒng phǒm /chǎn/ dtàek
My ... is out of order.	...ของผม /ฉัน/ เสีย ...khǒng phǒm /chǎn/ sǐa
TV	โทรทัศน์ thoh-rá-thát
air conditioner	เครื่องปรับอากาศ khrêuang bpràp-aa-gàat
tap	ก๊อกน้ำ górk náam
shower	ฝักบัว fàk bua
sink	อ่างล้างหน้า àang láang-nâa

safe	ตู้เซฟ
	dtôo sâyf
door lock	กุญแจประตู
	gun-jae bprà-dtoo
electrical outlet	เต้าเสียบไฟฟ้า
	dtâo sìap fai fáa
hairdryer	ไดร์เป่าผม
	drai bpào phŏm

I don't have …	ผม /ฉัน/ ไม่มี…
	phŏm /chăn/ mâi mee…
water	น้ำ
	náam
light	ไฟ
	fai
electricity	ไฟฟ้า
	fai fáa

Can you give me …?	คุณเอา…ให้ผม /ฉัน/ ได้ไหม ครับ /คะ/
	khun au…hâi phŏm /chăn/ dâai măi khráp /khá/
a towel	ผ้าเช็ดตัว
	phâa chét dtua
a blanket	ผ้าห่ม
	phâa hòm
slippers	รองเท้าแตะ
	rorng tháo dtàe
a robe	เสื้อคลุมอาบน้ำ
	sêua klum àap náam
shampoo	แชมพู
	chaem phoo
soap	สบู่
	sà-bòo

I'd like to change rooms.	ผม /ฉัน/ ต้องการเปลี่ยนห้อง
	phŏm /chăn/ dtôrng gaan bplìan hôrng
I can't find my key.	ผม /ฉัน/ หากุญแจไม่เจอ
	phŏm /chăn/ hăa gun-jae mâi jer
Could you open my room, please?	กรุณาช่วยเปิดห้องของผมครับ /ฉันคะ/
	gà-rú-naa chûay bpèrt hôrng khŏrng phŏm khráp /chăn khá/
Who's there?	krai yòo têe nân
	khrai yòo thêe nân
Come in!	เข้ามาครับ /ค่ะ/!
	khâo maa khráp /khâ/
Just a minute!	รอสักครู่!
	ror sàk khrôo
Not right now, please.	ไม่ใช่ตอนนี้ครับ /ค่ะ/
	mâi châi dtorn-née khráp /khâ/

Come to my room, please.	กรุณามาที่ห้องของผมครับ /ฉันคะ/ gà-rú-naa maa thêe hôrng kŏrng phŏm khráp /chăn khâ/
I'd like to order food service.	ผม /ฉัน/ ต้องการสั่งอาหาร phŏm /chăn/ dtôrng gaan sàng aa-hăan
My room number is ...	ห้องของผม /ฉัน/ มีเบอร์... hôrng kŏrng phŏm /chăn/ mee ber...
I'm leaving ...	ผม /ฉัน/ กำลังออกไป... phŏm /chăn/ gam-lang òk bpai...
We're leaving ...	พวกเรากำลังออกไป... phûak rao gam-lang òk bpai...
right now	ตอนนี้ dtorn-née
this afternoon	บ่ายนี้ bàai née
tonight	คืนนี้ kheun née
tomorrow	พรุ่งนี้ phrûng-née
tomorrow morning	พรุ่งนี้เวลาเช้า phrûng-née way-laa cháo
tomorrow evening	พรุ่งนี้เวลาเย็น phrûng-née way-laa yen
the day after tomorrow	มะรืน má-reun
I'd like to pay.	ผม /ฉัน/ ต้องการจ่าย phŏm /chăn/ dtôrng gaan jàai
Everything was wonderful.	ทุกอย่างดีเยี่ยม thúk yàang dee yîam
Where can I get a taxi?	ผม /ฉัน/ เรียกรถแท็กซี่ได้ที่ไหน phŏm /chăn/ rîak rót tháek-sêe dâai thêe năi
Would you call a taxi for me, please?	กรุณาช่วยเรียกรถแท็กให้ผมครับ /ฉันคะ/ gà-rú-naa chûay rîak rót tháek-sêe hâi phŏm khráp /chăn khá/

Restaurant

Can I look at the menu, please?	ขอผม /ฉัน/ ดูเมนูหน่อย khŏr phŏm /chăn/ doo may-noo nòi
Table for one.	ขอโต๊ะสำหรับหนึ่งที่ khŏr dtó săm-ràp nèung thêe
There are two (three, four) of us.	เรามากันสอง (สาม สี่) คน rao maa gan sŏrng (săam · sèe) khon

Smoking	ห้องสูบบุหรี่ hôrng sòop bù rèe
No smoking	ห้องไม่สูบบุหรี่ hôrng mâi sòop bù rèe
Excuse me! (addressing a waiter)	ขอโทษครับ /ค่ะ/ khŏr thôht khráp /khâ/
menu	เมนู may-noo
wine list	รายการไวน์ raai gaan wai
The menu, please.	ขอเมนูด้วยครับ /ค่ะ/ khŏr may-noo dûay khráp /khâ/

Are you ready to order?	คุณพร้อมสั่งอาหารไหมครับ /คะ/ khun phrórm sàng aa-hăan măi khráp /khá/
What will you have?	คุณต้องการอะไรบ้างครับ /คะ/ khun dtôrng gaan a-rai bâang khráp /khá/
I'll have ...	ผม /ฉัน/ ต้องการ... phŏm /chăn/ dtôrng gaan...

I'm a vegetarian.	ผม /ฉัน/ กินมังสวิรัติ phŏm /chăn/ gin mang-sà-wí-rát
meat	เนื้อ néua
fish	ปลา bplaa
vegetables	ผัก phàk
Do you have vegetarian dishes?	คุณมีอาหารมังสวิรัติไหมครับ /คะ/ khun mee aa hăan mang-sà-wí-rát măi khráp /khá/
I don't eat pork.	ผม /ฉัน/ ไม่กินเนื้อหมู phŏm /chăn/ mâi gin néua mŏo

He /she/ doesn't eat meat.	เขา /เธอ/ ไม่กินเนื้อสัตว์ khǎo /ther/ mâi gin néua sàt
I am allergic to ...	ผม /ฉัน/ แพ้... phǒm /chǎn/ pháe...
Would you please bring me ...	ขอเอา...ให้ผม /ฉัน/ khǒr ao...hâi phǒm /chǎn/
salt | pepper | sugar	เกลือ | พริกไทย | น้ำตาล gleua | phrík-tai | nám dtaan
coffee | tea | dessert	กาแฟ | ชา | ขนมหวาน gaa-fae | chaa | khà-nǒm wǎan
water | sparkling | plain	น้ำ | น้ำโซดา | น้ำเปล่า náam | náam soh-daa | náam bplào
a spoon | fork | knife	ช้อน | ส้อม | มีด chórn | sôrm | mêet
a plate | napkin	จาน | ผ้าเช็ดปาก jaan | phâa chét bpàak
Enjoy your meal!	ประทานอาหารให้อร่อยครับ /ค่ะ/! bprà-thaan aa-hǎan hâi a-ròi khráp /khâ/
One more, please.	ขออีกอันหนึ่งครับ /ค่ะ/ khǒr èek an nèung khráp /khâ/
It was very delicious.	อร่อยมาก a-ròi mâak
check | change | tip	คิดเงิน | เงินทอน | ทิป khít ngern | ngern thorn | thíp
Check, please. (Could I have the check, please?)	ขอคิดเงินครับ /ค่ะ/ khǒr khít ngern khráp /khâ/
Can I pay by credit card?	ผม /ฉัน/ จ่ายด้วย บัตรเครดิตได้ไหม phǒm /chǎn/ jàai dûay bàt khray-dìt dâai mǎi
I'm sorry, there's a mistake here.	ขอโทษ ตรงนี้มีข้อผิด khǒr thôht · dtrong née mee khôr phìt

Shopping

Can I help you?	ผม /ฉัน/ ช่วยคุณได้ไหมครับ /คะ/ phǒm /chǎn/ chûay khun dâai mǎi khráp /khá/
Do you have ...?	คุณมี...ไหม khun mee...mǎi
I'm looking for ...	ผม /ฉัน/ กำลังหา... phǒm /chǎn/ gam-lang hǎa...
I need ...	ผม /ฉัน/ ต้องการ... phǒm /chǎn/ dtôrng gaan...
I'm just looking.	ผม /ฉัน/ กำลังดูเท่านั้น phǒm /chǎn/ gam-lang doo thâo nán
We're just looking.	พวกเรากำลังดูเท่านั้น phûak rao gam-lang doo thâo nán
I'll come back later.	ผม /ฉัน/ จะกลับมาใหม่ phǒm /chǎn/ jà glàp maa mài
We'll come back later.	เราจะกลับมาใหม่ rao jà glàp maa mài
discounts | sale	ลดราคา | ขายของลดราคา lót raa-khaa | khǎai khǒng lót raa-khaa
Would you please show me ...	ผม /ฉัน/ ดู...ได้ไหม phǒm /chǎn/ doo...dâai mǎi
Would you please give me ...	ขอเอา...ให้ผม /ฉัน/ khǒr ao...hâi phǒm /chǎn/
Can I try it on?	ผม /ฉัน/ ลองได้ไหม phǒm /chǎn/ lorng dâai mǎi
Excuse me, where's the fitting room?	ขอโทษ ห้องลองอยู่ที่ไหน khǒr thôht hôrng lorng yòo thêe nǎi
Which color would you like?	คุณต้องการสีอะไร khun dtôrng gaan sěe a-rai
size | length	ขนาด | ความยาว khà-nàat | khwaam yaao
How does it fit?	พอดีไหม phor dee mǎi
How much is it?	ราคาเท่าไหร่ raa-khaa thâo rài
That's too expensive.	แพงเกินไป phaeng gern bpai
I'll take it.	ผม /ฉัน/ จะเอาอันนี้ phǒm /chǎn/ jà ao an née

Excuse me, where do I pay?	ขอโทษ ผม /ฉัน/ จ่ายเงินได้ที่ไหน khǒr thôht · phǒm /chǎn/ jàai ngern dâai thêe nǎi
Will you pay in cash or credit card?	คุณจะจ่ายด้วยเงินสดหรือบัตรเครดิต khun jà jàai dûay ngern sòt rěu bàt khray-dìt
In cash | with credit card	เงินสด | บัตรเครดิต ngern sòt | bàt khray-dìt
Do you want the receipt?	คุณต้องการใบเสร็จไหม khun dtôrng gaan bai sèt mǎi
Yes, please.	ใช่ครับ /ค่ะ/ châi khráp /khâ/
No, it's OK.	ไม่ ไม่เป็นไร mâi · mâi bpen rai
Thank you. Have a nice day!	ขอบคุณครับ /ค่ะ/ ขอให้วันนี้เป็นวันที่ดีนะครับ /ค่ะ/ khòrp khun khráp /khâ/ khǒr hâi wan née bpen wan thêe dee ná khráp /khâ/

In town

Excuse me, ...	ขอโทษครับ /ค่ะ/ khŏr thôht khráp /khâ/
I'm looking for ...	ผม /ฉัน/ กำลังหา... phŏm /chăn/ gam-lang hăa...
the subway	รถไฟใต้ดิน rót fai dtâi din
my hotel	โรงแรมของผม /ฉัน/ rohng raem khŏrng phŏm /chăn/
the movie theater	โรงภาพยนต์ rohng phâa-pha-yon
a taxi stand	จุดจอดแท็กซี่ jùt jòrt tháek-sêe
an ATM	เอทีเอ็ม ay thee em
a foreign exchange office	ที่แลกเงิน thêe lâek ngern
an internet café	ร้านอินเทอร์เนทคาเฟ่ ráan in thêr-nâyt kaa-fây
... street	ถนน... thà-nŏn...
this place	สถานที่นี้ sà-thăan thêe née
Do you know where ... is?	คุณรู้ไหมว่า...อยู่ที่ไหน khun róo măi wâa...yòo thêe năi
Which street is this?	นี่คือถนนอะไร nêe kheu thà-nŏn a-rai
Show me where we are right now.	ขอชี้...ว่าตอนนี้เราอยู่ที่ไหนครับ /ค่ะ/ khŏr chée...wâa dtorn-née rao yòo thêe năi khráp /khá/
Can I get there on foot?	ผม /ฉัน/ เดินไปได้ที่นั่นไหม phŏm /chăn/ dern bpai thêe nân dâai măi
Do you have a map of the city?	คุณมีแผนที่เมืองนี้ไหม khun mee phăen thêe meuang née măi
How much is a ticket to get in?	ตั๋วราคาเท่าไหร่ dtŭa raa-khaa thâo rài
Can I take pictures here?	ผม /ฉัน/ ถ่ายรูปที่นี่ได้ไหม phŏm /chăn/ thàai rôop thêe née dâai măi

Are you open?	เปิดไหม
	bpèrt măi
When do you open?	คุณเปิดเมื่อไหร่ครับ /คะ/
	khun bpèrt mêua rài khráp /khá/
When do you close?	คุณปิดเมื่อไหร่ครับ /คะ/
	khun bpìt mêua rài khráp /khá/

Money

money	เงิน ngern
cash	เงินสด ngern sòt
paper money	ธนบัตร thá-ná-bàt
loose change	เศษเหรียญ sàyt rĭan
check | change | tip	คิดเงิน | เงินทอน | ทิป khít ngern | ngern thorn | thíp
credit card	บัตรเครดิต bàt khray-dìt
wallet	กระเป๋าเงิน grà-bpăo ngern
to buy	ซื้อ séu
to pay	จ่าย jàai
fine	ค่าปรับ khâa bpràp
free	ฟรี free
Where can I buy ...?	ผม /ฉัน/ ซื้อ...ได้ที่ไหน phŏm /chăn/ séu...dâai thêe năi
Is the bank open now?	ตอนนี้ธนาคารเปิดไหม dtorn-née thá-naa-khaan bpèrt măi
When does it open?	มันเปิดเมื่อไหร่ man bpèrt mêua rài
When does it close?	มันปิดเมื่อไหร่ man bpìt mêua rài
How much?	เท่าไหร่ thâo rài
How much is this?	อันนี้ราคาเท่าไหร่ an née raa-khaa thâo rài
That's too expensive.	แพงเกินไป phaeng gern bpai
Excuse me, where do I pay?	ขอโทษ ผม /ฉัน/ จ่ายเงินได้ที่ไหน khŏr thôht · phŏm /chăn/ jàai ngern dâai thêe năi

Check, please.	ขอคิดเงินครับ /ค่ะ/
	khŏr khít ngern khráp /khâ/
Can I pay by credit card?	ผม /ฉัน/ จ่ามูด้วย บัตรเครดิตได้ไหม
	phŏm /chăn/ jàai dûay bàt khray-dìt dâai măi
Is there an ATM here?	ที่นี่มีตู้เอทีเอ็มไหม
	thêe nêe mee dtôo ay thee em măi
I'm looking for an ATM.	ผม /ฉัน/ กำลังหา ตู้เอทีเอ็ม
	phŏm /chăn/ gam-lang hăa dtôo ay thee em
I'm looking for a foreign exchange office.	ผม /ฉัน/ กำลังหา ที่แลกเงิน
	phŏm /chăn/ gam-lang hăa thêe lâek ngern
I'd like to change …	ผม /ฉัน/ ต้องการแลก...
	phŏm /chăn/ dtôrng gaan lâek…
What is the exchange rate?	อัตราแลกเปลี่ยนเท่าไหร่
	àt-dtraa lâek bplìan thâo rài
Do you need my passport?	คุณต้องการหนังสือเดินทาง ของผม /ฉัน/ ไหม
	khun dtôrng gaan năng-sĕu dern-thaang khŏrng phŏm /chăn/ măi

Time

What time is it?	กี่โมงแล้ว gèe mohng láew
When?	เมื่อไหร่ mêua rài
At what time?	กี่โมง gèe mohng
now | later | after …	ตอนนี้ | ทีหลัง | หลังจาก... dtorn-née | thee lăng | lăng jàak…
one o'clock	หนึ่งนาฬิกา nèung naa-lí-gaa
one fifteen	หนึ่งนาฬิกาสิบห้านาที nèung naa-lí-gaa sìp hâa naa-thee
one thirty	หนึ่งนาฬิกาสามสิบนาที nèung naa-lí-gaa săam sìp naa-thee
one forty-five	หนึ่งนาฬิกาสี่สิบห้านาที nèung naa-lí-gaa sèe-sìp-hâa naa-thee
one | two | three	หนึ่ง | สอง | สาม nèung | sŏrng | săam
four | five | six	สี่ | ห้า | หก sèe | hâa | hòk
seven | eight | nine	เจ็ด | แปด | เก้า jèt | bpàet | gâo
ten | eleven | twelve	สิบ | สิบเอ็ด | สิบสอง sìp | sìp èt | sìp sŏrng
in …	อีก... èek…
five minutes	ห้านาที hâa naa-thee
ten minutes	สิบนาที sìp naa-thee
fifteen minutes	สิบห้านาที sìp hâa naa-thee
twenty minutes	ยี่สิบนาที yêe sìp naa-thee
half an hour	ครึ่งชั่วโมง khrêung chûa mohng
an hour	หนึ่งชั่วโมง nèung chûa mohng

in the morning	ตอนเช้า dtorn-cháo
early in the morning	แต่เช้า dtàe cháo
this morning	วันนี้เวลาเช้า wan née way-laa cháo
tomorrow morning	พรุ่งนี้เวลาเช้า phrûng-née way-laa cháo
in the middle of the day	กลางวัน glaang wan
in the afternoon	ตอนบ่าย dtorn-bàai
in the evening	ตอนเย็น dtorn-yen
tonight	คืนนี้ kheun née
at night	เที่ยงคืน thîang kheun
yesterday	เมื่อวานนี้ mêua waan née
today	วันนี้ wan née
tomorrow	พรุ่งนี้ phrûng-née
the day after tomorrow	มะรืน má-reun
What day is it today?	วันนี้คือวันอะไร wan née kheu wan a-rai
It's …	วันนี้คือ... wan née kheu…
Monday	วันจันทร์ wan jan
Tuesday	วันอังคาร wan ang-khaan
Wednesday	วันพุธ wan phút
Thursday	วันพฤหัส wan phá-réu-hàt
Friday	วันศุกร์ wan sùk
Saturday	วันเสาร์ wan săo
Sunday	วันอาทิตย์ wan aa-thít

Greetings. Introductions

Hello.	สวัสดีครับ /ค่ะ/ sà-wàt-dee khráp /khâ/
Pleased to meet you.	ยินดีที่รู้จักครับ /ค่ะ/ yin dee thêe róo jàk khráp /khâ/
Me too.	เช่นกัน chên gan
I'd like you to meet …	ผม /ฉัน/ อยากให้คุณพบกับ... phŏm /chăn/ yàak hâi khun phóp gàp…
Nice to meet you.	ยินดีที่รู้จักครับ /ค่ะ/ yin dee thêe róo jàk khráp /khâ/

How are you?	เป็นอย่างไรบ้าง bpen yàang rai bâang
My name is …	ผม /ฉัน/ ชื่อ... phŏm /chăn/ chêu…
His name is …	เขาชื่อ... khăo chêu…
Her name is …	เธอชื่อ... ther chêu…
What's your name?	คุณชื่ออะไร khun chêu a-rai
What's his name?	เขาชื่ออะไร khăo chêu a-rai
What's her name?	เธอชื่ออะไร ther chêu a-rai

What's your last name?	นามสกุลของคุณคืออะไร naam sà-gun khŏrng khun kheu a-rai
You can call me …	คุณเรียกผมว่า...ก็ได้ ครับ /คะ/ khun rîak phŏm wâa…gôr dâai khráp /khâ/
Where are you from?	คุณมาจากที่ไหนครับ /คะ/ khun maa jàak thêe năi khráp /khá/
I'm from …	ผม /ฉัน/ มาจาก... phŏm /chăn/ maa jàak…
What do you do for a living?	คุณมีอาชีพอะไรครับ /คะ/ khun mee aa-chêep a-rai khráp /khá/

Who is this?	นี่คือใครครับ /คะ/ nêe kheu khrai khráp /khá/
Who is he?	เขาคือใคร khăo kheu khrai

Who is she?	เธอคือใคร ther kheu khrai
Who are they?	พวกเขาคือใครครับ /คะ/ phûak khăo kheu khrai khráp /khá/

This is ...	นี่คือ...ครับ /คะ/ nêe kheu...khráp /khâ/
my friend (masc.)	เพื่อนของผม /ฉัน/ phêuan khŏrng phŏm /chăn/
my friend (fem.)	เพื่อนของผม /ฉัน/ phêuan khŏrng phŏm /chăn/
my husband	สามีของฉัน săa-mee khŏrng chăn
my wife	ภรรยาของผม phan-rá-yaa khŏrng phŏm

my father	พ่อของผม /ฉัน/ phôr khŏrng phŏm /chăn/
my mother	แม่ของผม /ฉัน/ mâe khŏrng phŏm /chăn/
my brother	พี่ชายของผม /ฉัน/, น้องชายของผม /ฉัน/ phêe chaai khŏrng phŏm /chăn/, nóng chaai khŏrng phŏm /chăn/
my sister	พี่สาวของผม /ฉัน/, น้องสาวของผม /ฉัน/ phêe săao khŏrng phŏm /chăn/, nóng săao khŏrng phŏm /chăn/
my son	ลูกชายของผม /ฉัน/ lôok chaai khŏrng phŏm /chăn/
my daughter	ลูกสาวของผม /ฉัน/ lôok săao khŏrng phŏm /chăn/

This is our son.	นี่คือลูกชายของเรา nêe kheu lôok chaai khŏrng rao
This is our daughter.	นี่คือลูกสาวของเรา nêe kheu lôok săao khŏrng rao
These are my children.	นี่คือลูก ๆ ของผม /ฉัน/ nêe kheu lôok lôok khŏrng phŏm /chăn/
These are our children.	นี่คือลูก ๆ ของเรา nêe kheu lôok lôok khŏrng rao

Farewells

Good bye!	ลาก่อนครับ /ค่ะ/! laa gòrn khráp /khâ/
Bye! (inform.)	บาย! baai
See you tomorrow.	พบกันพรุ่งนี้ครับ /ค่ะ/ phóp gan phrûng-née khráp /khâ/
See you soon.	พบกันใหม่ phóp gan mài
See you at seven.	เจอกันตอนเจ็ดโมง jer gan dtorn jèt mohng
Have fun!	ขอให้สนุกนะ! khŏr hâi sà-nùk ná
Talk to you later.	แล้วคุยกันทีหลังนะ láew khui gan thee lăng ná
Have a nice weekend.	ขอให้มีความสุขมาก ๆ ในวันหยุดสุดสัปดาห์นี้นะ khŏr hâi mee khwaam sùk mâak mâak nai wan yùt sùt sàp-daa née ná
Good night.	ราตรีสวัสดิ์ครับ /ค่ะ/ raa-dtree sà-wàt khráp /khâ/
It's time for me to go.	ผม /ฉัน/ ต้องไปแล้ว phŏm /chăn/ dtôrng bpai láew
I have to go.	ผม /ฉัน/ ต้องไปแล้ว phŏm /chăn/ dtôrng bpai láew
I will be right back.	ผม /ฉัน/ จะกลับมาอีก phŏm /chăn/ jà glàp maa èek
It's late.	ดึกแล้ว dèuk láew
I have to get up early.	ผม /ฉัน/ ต้องตื่นแต่เช้า phŏm /chăn/ dtôrng dtèun dtàe cháo
I'm leaving tomorrow.	ผม /ฉัน/ จะออกจากพรุ่งนี้ phŏm /chăn/ jà òrk jàak phrûng-née
We're leaving tomorrow.	เราจะออกจากพรุ่งนี้ rao jà òrk jàak phrûng-née
Have a nice trip!	เที่ยวให้สนุกนะ thîeow hâi sà-nùk ná
It was nice meeting you.	ดีใจที่ได้พบคุณครับ /ค่ะ/ dee jai thêe dâai phóp khun khráp /khâ/

It was nice talking to you.	ดีใจที่ได้คุย กับคุณครับ /ค่ะ/ dee jai thêe dâai khui gàp khun khráp /khâ/
Thanks for everything.	ขอบคุณสำหรับ ทุกสิ่งครับ /ค่ะ/ khòrp khun săm-ràp thúk sìng khráp /khâ/

I had a very good time.	ผม /ฉัน/ มีความสนุก phŏm /chăn/ mee khwaam sà-nùk
We had a very good time.	เรามีความสนุก rao mee khwaam sà-nùk
It was really great.	มันยอดเยี่ยมมากจริง ๆ man yôrt yîam mâak jing jing
I'm going to miss you.	ผม /ฉัน/ จะคิดถึงคุณ phŏm /chăn/ jà khít thĕung khun
We're going to miss you.	เราจะคิดถึงคุณ rao jà khít thĕung khun

Good luck!	โชคดี! chôhk dee
Say hi to …	ฝากสวัสดีให้... fàak sà-wàt-dee hâi

Foreign language

I don't understand.	ผม /ฉัน/ ไม่เข้าใจ phŏm /chăn/ mâi khâo jai
Write it down, please.	ขอเขียนให้ดูหน่อย khŏr khĭan hâi doo nòi
Do you speak ...?	คุณพูดภาษา...ไหมครับ /คะ/ khun phôot phaa-săa...măi khráp /khá/
I speak a little bit of ...	ผม /ฉัน/ พูดภาษา... ได้นิดหน่อย phŏm /chăn/ phôot phaa-săa... dâai nít nòi
English	ภาษาอังกฤษ phaa-săa ang-grìt
Turkish	ภาษาตุรกี phaa-săa dtù-rá-gee
Arabic	ภาษาอารบิค phaa-săa aa-rá-bìk
French	ภาษาฝรั่งเศส phaa-săa fà-ràng-sàyt
German	ภาษาเยอรมัน phaa-săa yer-rá-man
Italian	ภาษาอิตาเลี่ยน phaa-săa i dtaa lîan
Spanish	ภาษาสเปน phaa-săa sà-bpayn
Portuguese	ภาษาโปรตุเกส phaa-săa bproh-dtù-gàyt
Chinese	ภาษาจีน phaa-săa jeen
Japanese	ภาษาญี่ปุ่น phaa-săa yêe-bpùn
Can you repeat that, please.	ขอพูดอีกครั้งหนึ่งครับ /คะ/ khŏr phôot èek khráng nêung khráp /khá/
I understand.	ผม /ฉัน/ เข้าใจ phŏm /chăn/ khâo jai
I don't understand.	ผม /ฉัน/ ไม่เข้าใจ phŏm /chăn/ mâi khâo jai
Please speak more slowly.	ขอพูดช้า ๆ ครับ /คะ/ khŏr phôot cháa cháa khráp /khâ/

Is that correct? (Am I saying it right?)	นี่ถูกต้องไหม nêe thòok dtôrng măi
What is this? (What does this mean?)	นี่คืออะไร nêe kheu a-rai

Apologies

Excuse me, please.	ขอโทษครับ /ค่ะ/ khŏr thôht khráp /khâ/
I'm sorry.	ผม /ฉัน/ เสียใจ phŏm /chăn/ sĭa jai
I'm really sorry.	ผม /ฉัน/ เสียใจจริง ๆ phŏm /chăn/ sĭa jai jing jing
Sorry, it's my fault.	ขอโทษ นี่เป็นความผิดของผม /ฉัน/ khŏr thôht · nêe bpen khwaam phìt khŏrng phŏm /chăn/
My mistake.	นี่เป็นความผิดของผม /ฉัน/ เอง nêe bpen khwaam phìt khŏrng phŏm /chăn/ ayng
May I ...?	ผม /ฉัน/... ได้ไหม phŏm /chăn/... dâai măi
Do you mind if I ...?	คุณจะรังเกียจไหมถ้าผม /ฉัน/ จะ... khun jà rang gìat măi khráp thâa phŏm /chăn/ jà...
It's OK.	ไม่เป็นไร mâi bpen rai
It's all right.	ไม่เป็นไร mâi bpen rai
Don't worry about it.	ไม่ต้องเป็นห่วงครับ /ค่ะ/ mâi dtôrng bpen hùang khráp /khâ/

Agreement

Yes.	ใช่ châi
Yes, sure.	ใช่ แน่นอน châi · nâe norn
OK (Good!)	โอเค! oh khay
Very well.	ดีมาก dee mâak
Certainly!	แน่นอน! nâe norn
I agree.	ผม /ฉัน/ เห็นด้วย phŏm /chăn/ hĕn dûay
That's correct.	ถูกต้อง thòok dtôrng
That's right.	ถูกต้อง thòok dtôrng
You're right.	ถูกต้อง thòok dtôrng
I don't mind.	ผม /ฉัน/ ไม่ขัดข้อง phŏm /chăn/ mâi khàt không
Absolutely right.	ถูกต้อง thòok dtôrng
It's possible.	เป็นไปได้ bpen bpai dâai
That's a good idea.	นี่เป็นความคิดที่ดี nêe bpen khwaam khít thêe dee
I can't say no.	ผม /ฉัน/ ปฏิเสธไม่ได้ phŏm /chăn/ bpà-dtì-sàyt mâi dâai
I'd be happy to.	ผม /ฉัน/ จะยินดี phŏm /chăn/ jà yin dee
With pleasure.	ด้วยความยินดี dûay khwaam yin dee

Refusal. Expressing doubt

No.
ไม่ใช่
mâi châi

Certainly not.
ไม่ใช่ แน่
mâi châi· nâe

I don't agree.
ผม /ฉัน/ ไม่เห็นด้วย
phŏm /chăn/ mâi hĕn dûay

I don't think so.
ผม /ฉัน/ ไม่คิดอย่างนี้
phŏm /chăn/ mâi khít yàang née

It's not true.
นี่ไม่เป็นความจริง
nêe mâi bpen khwaam jing

You are wrong.
คุณผิดไปแล้วครับ /ค่ะ/
khun phìt bpai láew khráp /khâ/

I think you are wrong.
ผม /ฉัน/ คิดว่าคุณผิด
phŏm /chăn/ khít wâa khun phìt

I'm not sure.
ผม /ฉัน/ ไม่แน่ใจ
phŏm /chăn/ mâi nâe jai

It's impossible.
เป็นไปไม่ได้
bpen bpai mâi dâi

Nothing of the kind (sort)!
ไม่มีทาง!
mâi mee thaang

The exact opposite.
ตรงกันข้าม
dtrong gan khâam

I'm against it.
ผม /ฉัน/ ไม่เห็นด้วย
phŏm /chăn/ mâi hĕn dûay

I don't care.
ผม /ฉัน/ ไม่สนใจ
phŏm /chăn/ mâi sŏn jai

I have no idea.
ผม /ฉัน/ ไม่รู้เลย
phŏm /chăn/ mâi róo loie

I doubt it.
ผม /ฉัน/ สงสัย
phŏm /chăn/ sŏng-săi

Sorry, I can't.
ขอโทษ ผม /ฉัน/
ไม่ได้ครับ /ค่ะ/
khŏr thôht · phŏm /chăn/
mâi dâai khráp /khâ/

Sorry, I don't want to.
ขอโทษ ผม /ฉัน/
ไม่ต้องการครับ /ค่ะ/
khŏr thôht · phŏm /chăn/
mâi dtôrng gaan khráp /khâ/

Thank you, but I don't need this.
ขอบคุณ แต่ผม /ฉัน/
ไม่ต้องการครับ /ค่ะ/
khòrp khun · dtàe phŏm /chăn/
mâi dtôrng gaan khráp /khâ/

It's getting late.	ดึกแล้ว
	dèuk láew
I have to get up early.	ผม /ฉัน/ ต้องตื่นแต่เช้า
	phǒm /chǎn/ dtôrng dtèun dtàe cháo
I don't feel well.	ผม /ฉัน/ รู้สึกไม่สบาย
	phǒm /chǎn/ róo sèuk mâi sà-baai

Expressing gratitude

Thank you. ขอบคุณครับ /ค่ะ/
khòrp khun khráp /khâ/

Thank you very much. ขอบคุณมาก
khòrp khun mâak

I really appreciate it. รู้สึกขอบคุณจริง ๆ
róo sèuk khòrp khun jing jing

I'm really grateful to you. ผม /ฉัน/ รู้สึกขอบคุณ จริง ๆ ครับ /ค่ะ/
phŏm /chăn/ róo sèuk khòrp khun jing jing khráp /khâ/

We are really grateful to you. เรารู้สึกขอบคุณ จริง ๆ ครับ /ค่ะ/
rao róo sèuk khòrp khun jing jing khráp /khâ/

Thank you for your time. ขอบคุณสำหรับเวลาของคุณครับ /ค่ะ/
khòrp khun săm-ràp way-laa khŏrng khun khráp /khâ/

Thanks for everything. ขอบคุณสำหรับทุกสิ่งครับ /ค่ะ/
khòrp khun săm-ràp thúk sìng khráp /khâ/

Thank you for ... ขอบคุณสำหรับ...ครับ /ค่ะ/
khòrp khun săm-ràp...khráp /khâ/

your help ความช่วยเหลือของคุณ
khwaam chûay lĕua khŏrng khun

a nice time ช่วงเวลาที่ดี
chûang way-laa thêe dee

a wonderful meal อาหารที่วิเศษ
aa hăan thêe wí-sàyt

a pleasant evening ช่วงเวลาเย็นที่ดีเยี่ยม
chûang way-laa yen thêe dee yîam

a wonderful day วันที่แสนวิเศษ
wan thêe săen wí-sàyt

an amazing journey การเดินทางที่น่าสนใจ
gaan dern thaang têe nâa sŏn jai

Don't mention it. ไม่เป็นไรครับ /ค่ะ/
mâi bpen rai khráp /khâ/

You are welcome. ไม่เป็นไรครับ /ค่ะ/
mâi bpen rai khráp /khâ/

Any time. ไม่เป็นไรครับ /ค่ะ/
mâi bpen rai khráp /khâ/

My pleasure.	ยินดีที่ช่วยครับ /ค่ะ/
	yin dee thêe chûay khráp /khâ/
Forget it.	ไม่เป็นไรครับ /ค่ะ/
	mâi bpen rai khráp /khâ/
Don't worry about it.	ไม่เป็นไรครับ /ค่ะ/
	mâi bpen rai khráp /khâ/

Congratulations. Best wishes

Congratulations!	ขอแสดงความยินดี! khŏr sà-daeng khwaam yin-dee
Happy birthday!	สุขสันต์วันเกิด! sùk-săn wan gèrt
Merry Christmas!	สุขสันต์วันคริสต์มาส! sùk-săn wan khrít-mâat
Happy New Year!	สวัสดีปีใหม่! sà-wàt-dee bpee mài
Happy Easter!	สุขสันต์วันอีสเตอร์! sùk-săn wan èet-dtêr
Happy Hanukkah!	สุขสันต์วันฮานุกกะห์! sùk-săn wan haa núk-gà
I'd like to propose a toast.	ผม /ฉัน/ อยากจะขอดื่มอวยพร phŏm /chăn/ yàak jà khŏr dèum uay phon
Cheers!	ไชโย! chai-yoh
Let's drink to …!	ขอดื่มให้…! khŏr dèum hâi…
To our success!	ความสำเร็จของเรา! khwaam săm-rèt khŏrng rao
To your success!	ความสำเร็จของคุณ! khwaam săm-rèt khŏrng khun
Good luck!	โชคดี! chôhk dee
Have a nice day!	ขอให้วันนี้เป็นวันที่ดี ครับ /คะ/! khŏr hâi wan née bpen wan thêe dee khráp /khâ/
Have a good holiday!	ขอให้วันหยุดมีความสุข ครับ /คะ/! khŏr hâi wan yùt mee khwaam sùk khráp /khâ/
Have a safe journey!	ขอให้เดินทางปลอดภัย ครับ /คะ/! khŏr hâi dern thaang bplòrt phai khráp /khâ/
I hope you get better soon!	ขอให้คุณหายโดยเร็วครับ /คะ/! khŏr hâi khun hăai doi reo khráp /khâ/

Socializing

Why are you sad?	คุณเศร้าทำไม khun sâo tham-mai
Smile! Cheer up!	ยิ้มเข้าไว้! yím khâo wái
Are you free tonight?	คืนนี้คุณว่างไหม kheun née khun wâang măi
May I offer you a drink?	ขอผม /ฉัน/ เลี้ยงเครื่องดื่มให้คุณ khŏr phŏm /chăn/ líang khrêuang dèum hâi khun
Would you like to dance?	คุณอยากเต้นรำไหมครับ khun yàak dtên ram măi
Let's go to the movies.	ไปดูหนังกันเถอะ bpai doo năng gan thùh
May I invite you to …?	ขอเชิญคุณไป khŏr chern khun bpai
a restaurant	ร้านอาหาร ráan aa-hăan
the movies	โรงภาพยนต์ rohng phâa-pha-yon
the theater	โรงละคร rohng lá-khon
go for a walk	ไปเดินเล่น bpai dern lên
At what time?	กี่โมง gèe mohng
tonight	คืนนี้ kheun née
at six	หกโมง hòk mohng
at seven	เจ็ดโมง jèt mohng
at eight	แปดโมง bpàet mohng
at nine	เก้าโมง gâo mohng
Do you like it here?	คุณชอบที่นี่ไหม khun chôrp thêe nêe măi
Are you here with someone?	คุณมาที่นี่กับใครหรือเปล่า khun maa thêe nêe gàp khrai rĕu bplào

I'm with my friend.	ผม /ฉัน/ มากับเพื่อน ของผม /ฉัน/ phǒm /chǎn/ maa gàp phêuan khǒrng phǒm /chǎn/
I'm with my friends.	ผม /ฉัน/ มากับเพื่อน ๆ ของผม /ฉัน/ phǒm /chǎn/ maa gàp phêuan phêuan khǒrng phǒm /chǎn/
No, I'm alone.	ผม /ฉัน/ มาเป็นคนเดียว phǒm /chǎn/ maa bpen khon dieow
Do you have a boyfriend?	คุณมีแฟนไหม khun mee faen mǎi
I have a boyfriend.	ฉันมีแฟนแล้ว chǎn mee faen láew
Do you have a girlfriend?	คุณมีแฟนไหม khun mee faen mǎi
I have a girlfriend.	ผมมีแฟนแล้ว phǒm mee faen láew
Can I see you again?	ผม /ฉัน/ เจอคุณอีกได้ไหม phǒm /chǎn/ jer khun èek dâai mǎi
Can I call you?	ผม /ฉัน/ โทรหาคุณได้ไหม phǒm /chǎn/ thoh hǎa khun dâai mǎi
Call me. (Give me a call.)	แล้วโทรมานะ láew thoh maa ná
What's your number?	เบอร์คุณคืออะไร ber khun kheu a-rai
I miss you.	ผม /ฉัน/ คิดถึงคุณ phǒm /chǎn/ khít thěung khun
You have a beautiful name.	ชื่อคุณเพราะครับ chêu kun phrór khráp
I love you.	ผม /ฉัน/ รักคุณ phǒm /chǎn/ rák khun
Will you marry me?	คุณจะแต่งงานกับ ผม /ฉัน/ ไหม khun jà dtàeng ngaan gàp phǒm /chǎn/ mǎi
You're kidding!	คุณล้อเล่น! khun lór lên
I'm just kidding.	ผม /ฉัน/ แค่ล้อเล่น phǒm /chǎn/ khâe lór lên
Are you serious?	คุณจริงจังไหมครับ /คะ/ khun jing jang mǎi khráp /khá/
I'm serious.	ผม /ฉัน/ จริงจัง phǒm /chǎn/ jing jang
Really?!	จริงเหรอ! jing rěr
It's unbelievable!	ไม่น่าเชื่อ! mâi nâa chêua

I don't believe you.	ผม /ฉัน/ ไม่เชื่อคุณ
	phǒm /chǎn/ mâi chêua khun
I can't.	ผม /ฉัน/ ทำไม่ได้
	phǒm /chǎn/ tham mâi dâai
I don't know.	ผม /ฉัน/ ไม่รู้
	phǒm /chǎn/ mâi róo
I don't understand you.	ผม /ฉัน/ไม่เข้าใจคุณ
	phǒm /chǎn/ mâi khâo jai khun
Please go away.	กรุณาไปเถอะ
	gà-rú-naa bpai thùh
Leave me alone!	ผม /ฉัน/ ขออยู่คนเดียว
	phǒm /chǎn/ khǒr yòo khon dieow
I can't stand him.	ผม /ฉัน/ ทนเขาไม่ได้
	phǒm /chǎn/ ton khǎo mâi dâai
You are disgusting!	คุณน่ารังเกียจ!
	khun nâa rang gìat
I'll call the police!	ผม /ฉัน/ จะโทรเรียกตำรวจ!
	phǒm /chǎn/ jà thoh rîak dtam-rùat

Sharing impressions. Emotions

I like it.	ผม /ฉัน/ ชอบมันนะ phǒm /chǎn/ chôrp man ná
Very nice.	ดีมาก dee mâak
That's great!	ยอดเยี่ยม! yôrt yîam
It's not bad.	ไม่เลว mâi leo
I don't like it.	ผม /ฉัน/ ไม่ชอบมัน phǒm /chǎn/ mâi chôrp man
It's not good.	ไม่ดี mâi dee
It's bad.	แย่ yâe
It's very bad.	แย่มาก yâe mâak
It's disgusting.	น่ารังเกียจ nâa rang giat
I'm happy.	ผม /ฉัน/ มีความสุข phǒm /chǎn/ mee khwaam sùk
I'm content.	ผม /ฉัน/ พอใจ phǒm /chǎn/ phor jai
I'm in love.	ผม /ฉัน/ มีความรัก phǒm /chǎn/ mee khwaam rák
I'm calm.	ผม /ฉัน/ สงบ phǒm /chǎn/ sà-ngòp
I'm bored.	ผม /ฉัน/ เบื่อ phǒm /chǎn/ bèua
I'm tired.	ผม /ฉัน/ เหนื่อย phǒm nèuay /chǎn nèuay/
I'm sad.	ผม /ฉัน/ เศร้า phǒm /chǎn/ sâo
I'm frightened.	ผม /ฉัน/ กลัว phǒm /chǎn/ glua
I'm angry.	ผม /ฉัน/ โกรธ phǒm /chǎn/ gròht
I'm worried.	ผม /ฉัน/ กังวล phǒm /chǎn/ gang-won
I'm nervous.	ผม /ฉัน/ ประหม่า phǒm /chǎn/ bprà-màa

I'm jealous. (envious)	ผม /ฉัน/ อิจฉา
	phŏm /chăn/ ìt-chăa
I'm surprised.	ผม /ฉัน/ แปลกใจ
	phŏm /chăn/ bplàek jai
I'm perplexed.	ผม /ฉัน/ งงงวย
	phŏm /chăn/ ngong-nguay

Problems. Accidents

I've got a problem.	ผม /ฉัน/ มีปัญหา phǒm /chǎn/ mee bpan-hǎa
We've got a problem.	เรามีปัญหา rao mee bpan-hǎa
I'm lost.	ผม /ฉัน/ หลงทาง phǒm /chǎn/ lǒng thaang
I missed the last bus (train).	ผม /ฉัน/ ขาดรถเมล์ (รถไฟ) สุดท้าย phǒm /chǎn/ khàat rót mae (rót fai) sùt thái
I don't have any money left.	ผม /ฉัน/ ไม่มีเงินเหลือเลย phǒm /chǎn/ mâi mee ngern lěua loie

I've lost my ...	ผม /ฉัน/ ทำ...ของผม /ฉัน/ หาย phǒm /chǎn/ tham...khǒrng phǒm /chǎn/ hǎai
Someone stole my ...	มีใครขุโมย...ของผม /ฉัน/ ไป mee khrai khà-moi...khǒrng phǒm /chǎn/ bpai
passport	หนังสือเดินทาง nǎng-sěu dern-thaang
wallet	กระเป๋าเงิน grà-bpǎo ngern
papers	เอกสาร àyk-ka -sǎan
ticket	ตั๋ว dtǔa

money	เงิน ngern
handbag	กระเป๋าถือ grà-bpǎo thěu
camera	กล้องถ่ายรูป glôrng thàai rôop
laptop	แล็ปท็อป láep-thóp
tablet computer	คอมพิวเตอร์แท็บเล็ต khorm-phiw-dtêr tháep lét
mobile phone	มือถือ meu thěu

Help me!	ช่วยด้วยครับ /ค่ะ/!
	chûay dûay khráp /khâ/
What's happened?	เกิดอะไรขึ้น
	gèrt a-rai khêun
fire	ไฟไหม้
	fai mâi
shooting	การยิง
	gaan ying
murder	ฆาตกรรม
	khâat-dtà-gaam
explosion	การระเบิด
	gaan rá-bèrt
fight	การต่อสู้
	gaan dtòr sôo

Call the police!	ขอโทรเรียกตำรวจ!
	khŏr thoh rîak dtam-rùat
Please hurry up!	เร็ว ๆ หน่อยครับ /ค่ะ/!
	reo reo nòi khráp /khâ/
I'm looking for the police station.	ผม /ฉัน/ กำลังหาสถานีตำรวจ
	phŏm /chăn/ gam-lang hăa sà-thăa-nee dtam-rùat
I need to make a call.	ผม /ฉัน/ ต้องการโทร
	phŏm /chăn/ dtôrng gaan thoh
May I use your phone?	ผม /ฉัน/ ใช้โทรศัพท์ของคุณได้ไหม
	phŏm /chăn/ chái thoh-rá-sàp khŏrng khun dâai măi

I've been ...	ผม /ฉัน/ ถูก...
	phŏm /chăn/ thòok…
mugged	ชิงทรัพย์
	ching sáp
robbed	ปล้น
	bplôn
raped	ข่มขืน
	khòm khĕun
attacked (beaten up)	ซ้อม
	sóm

Are you all right?	คุณเป็นอย่างไรบ้างครับ /คะ/
	khun bpen yàang rai bâang khráp /khá/
Did you see who it was?	คุณเห็นไหมครับ /คะ/ ว่าเป็นใคร
	khun hĕn măi khráp /khá/ wâa bpen khrai
Would you be able to recognize the person?	คุณจำหน้าคนร้ายได้ไหม
	khun jam nâa khon ráai dâai măi
Are you sure?	คุณแน่ใจไหม
	khun nâe jai măi
Please calm down.	กรุณาใจเย็น ๆ ครับ /ค่ะ/
	gà-rú-naa jai yen khráp /khâ/

Take it easy!	ใจเย็น
	jai yen
Don't worry!	ไม่ต้องเป็นห่วง!
	mâi dtôrng bpen hùang
Everything will be fine.	ทุกอย่างจะดีขึ้นเอง
	thúk yàang jà dee khêun ayng
Everything's all right.	ทุกอย่างเรียบร้อย
	thúk yàang rîap rói

Come here, please.	ขอมาที่นี่หน่อยครับ /ค่ะ/
	khǒr maa thêe nêe nòi khráp /khâ/
I have some questions for you.	ผม /ฉัน/ มีบางคำถาม
	phǒm /chǎn/ mee baang kham thǎam
Wait a moment, please.	กรุณารอสักครู่ครับ /ค่ะ/
	gà-rú-naa ror sàk khrôo khráp /khâ/
Do you have any I.D.?	คุณมีบัตรประจำตัวอะไรไหมครับ /คะ/
	khun mee bàt bprà-jam dtua a-rai mǎi khráp /khá/
Thanks. You can leave now.	ขอบคุณ คุณไปได้แล้ว
	khòrp khun · khun bpai dâai láew
Hands behind your head!	มือขึ้น
	meu khêun
You're under arrest!	คุณถูกจับแล้ว
	khun thòok jàp láew

Health problems

Please help me.	กรุณาช่วยผม /ฉัน/ gà-rú-naa chûay phǒm /chǎn/
I don't feel well.	ผม /ฉัน/ รู้สึกไม่สบาย phǒm /chǎn/ róo sèuk mâi sà-baai
My husband doesn't feel well.	สามีของฉันไม่สบาย sǎa-mee khǒrng chǎn mâi sà-baai
My son ...	ลูกชายของผม /ฉัน/... lôok chaai khǒrng phǒm /chǎn/...
My father ...	พ่อของผม /ฉัน/... phôr khǒrng phǒm /chǎn/...
My wife doesn't feel well.	ภรรยาของผมไม่สบาย phan-rá-yaa khǒrng phǒm mâi sà-baai
My daughter ...	ลูกสาวของผม /ฉัน/... lôok sǎao khǒrng phǒm /chǎn/...
My mother ...	แม่ของผม /ฉัน/... mâe khǒrng phǒm /chǎn/...
I've got a ...	ผม /ฉัน/... phǒm /chǎn/...
headache	ปวดหัว bpùat hǔa
sore throat	เจ็บคอ jèp khor
stomach ache	ปวดท้อง bpùat thórng
toothache	ปวดฟัน bpùat fan
I feel dizzy.	ผม /ฉัน/ รู้สึกเวียนหัว phǒm /chǎn/ róo sèuk wian hǔa
He has a fever.	เขามีไข้ khǎo mee khâi
She has a fever.	เธอมีไข้ ther mee khâi
I can't breathe.	ผม /ฉัน/ หายใจไม่ออก phǒm /chǎn/ hǎai-jai mâi òrk
I'm short of breath.	ผม /ฉัน/ หายใจไม่ออก phǒm /chǎn/ hǎai-jai mâi òrk
I am asthmatic.	ผม /ฉัน/ มีโรคหืด phǒm /chǎn/ mee rôhk hèut
I am diabetic.	ผม /ฉัน/ มีโรคเบาหวาน phǒm /chǎn/ mee rôhk bao wǎan

I can't sleep.	ผม /ฉัน/ นอนไม่หลับ phǒm /chǎn/ norn mâi làp
food poisoning	กินอาหารเป็นพิษ gin aa hǎan bpen phít

It hurts here.	เจ็บที่นี่ jèp thêe nêe
Help me!	ขอช่วยครับ /ค่ะ/! khǒr chûay khráp /khâ/
I am here!	ผม /ฉัน/ อยู่ที่นี่ phǒm /chǎn/ yòo thêe nêe
We are here!	เราอยู่ที่นี่ rao yòo thêe nêe
Get me out of here!	ขอเอาผม /ฉัน/ ออกไปจากที่นี่ khǒr ao phǒm /chǎn/ òk bpai jàak thêe nêe
I need a doctor.	ผม /ฉัน/ ต้องไปหาหมอ phǒm /chǎn/ dtôrng bpai hǎa mǒr
I can't move.	ผม /ฉัน/ ขยับไม่ได้ phǒm /chǎn/ khà-yàp mâi dâai
I can't move my legs.	ผม /ฉัน/ ขยับขาของผม /ฉัน/ ไม่ได้ phǒm /chǎn/ khà-yàp khǎa khǒrng phǒm /chǎn/ mâi dâai
I have a wound.	ผม /ฉัน/ มีแผล phǒm /chǎn/ mee phlǎe
Is it serious?	อาการหนักไหม aa-gaan nàk mǎi
My documents are in my pocket.	เอกสารของผม /ฉัน/ อยู่ในกระเป๋าของผม /ฉัน/ àyk sǎan khǒrng phǒm /chǎn/ yòo nai grà-bpǎo khǒrng phǒm /chǎn/
Calm down!	ใจเย็น jai yen
May I use your phone?	ผม /ฉัน/ ใช้โทรศัพท์ของคุณได้ไหม phǒm /chǎn/ chái thoh-rá-sàp khǒrng khun dâai mǎi

Call an ambulance!	ขอโทรเรียกรถพยาบาล! khǒr thoh rîak rót phá-yaa-baan
It's urgent!	เรื่องด่วน! rêuang dùan
It's an emergency!	เรื่องฉุกเฉิน rêuang chùk-chěrn
Please hurry up!	กรุณารีบด้วยครับ /ค่ะ/! gà-rú-naa rêep dûay khráp /khâ/
Would you please call a doctor?	ขอโทรเรียกหมอครับ /ค่ะ/ khǒr thoh rîak mǒr khráp /khâ/
Where is the hospital?	โรงพยาบาลอยู่ที่ไหน rohng phá-yaa-baan yòo thêe nǎi

How are you feeling?	**คุณรู้สึกอย่างไรบ้างครับ /คะ/** khun róo sèuk yàang rai bâang khráp /khá/
Are you all right?	**คุณรู้สึกสบายดีไหม** khun róo sèuk sà-baai dee măi
What's happened?	**เกิดอะไรขึ้น** gèrt a-rai khêun
I feel better now.	**ผม /ฉัน/ ดีขึ้นแล้ว** phŏm /chăn/ dee khêun láew
It's OK.	**ผม /ฉัน/ สบายดี** phŏm /chăn/ sà-baai dee
It's all right.	**ไม่เป็นไร** mâi bpen rai

At the pharmacy

pharmacy (drugstore)	ร้านขายยา ráan khǎai yaa
24-hour pharmacy	ร้านขายยา 24 ชั่วโมง ráan khǎai yaa · yêe sìp sèe · chûa mohng
Where is the closest pharmacy?	ร้านขายยาที่ใกล้ที่สุดอยู่ที่ไหน ráan khǎai yaa thêe glâi thêe sùt yòo thêe nǎi
Is it open now?	ตอนนี้มันเปิดไหม dtorn-née man bpèrt mǎi
At what time does it open?	มันเปิดกี่โมง man bpèrt gèe mohng
At what time does it close?	มันปิดกี่โมง man bpìt gèe mohng
Is it far?	อยู่ไกลไหม yòo glai mǎi
Can I get there on foot?	ผม /ฉัน/ เดินไปที่นั่นได้ไหม phǒm /chǎn/ dern bpai thêe nân dâai mǎi
Can you show me on the map?	ขอชี้ให้ผม /ฉัน/ ดูในแผนที่ครับ /คะ/ khǒr chée hâi phǒm /chǎn/ doo nai phǎen thêe khráp /khá/
Please give me something for ...	ช่วยหาอะไรสำหรับอาการ... chûay hǎa a-rai sǎm-ràp aa-gaan...
a headache	ปวดหัว bpùat hǔa
a cough	ไอ ai
a cold	เป็นหวัด bpen wàt
the flu	ไข้หวัด khâi wàt
a fever	เป็นไข้ bpen khâi
a stomach ache	ปวดท้อง bpùat thórng
nausea	คลื่นไส้ khlêun sâi

diarrhea	ท้องเสีย thórng sĭa
constipation	ท้องผูก thórng phòok
pain in the back	ปวดหลัง bpùat lăng
chest pain	ปวดหน้าอก bpùat nâa òk
side stitch	ปวดข้าง bpùat khâang
abdominal pain	ปวดท้อง bpùat thórng
pill	ยาเม็ด yaa mét
ointment, cream	ครีม khreem
syrup	น้ำเชื่อม náam chêuam
spray	สเปรย์ sà-bpray
drops	ยาหยอด yaa yòrt
You need to go to the hospital.	คุณต้องไปโรงพยาบาล khun dtôrng bpai rohng phá-yaa-baan
health insurance	ใบประกันสุขภาพ bai bprà-gan sùk-khà-pâap
prescription	ใบสั่งยา bai sàng yaa
insect repellant	ยากำจัดแมลง yaa gam-jàt má-laeng
Band Aid	ปลาสเตอร์ pláat-dtêr

The bare minimum

Excuse me, ...	ขอโทษครับ /ค่ะ/
	khǒr thôht khráp /khâ/
Hello.	สวัสดีครับ /สวัสดีค่ะ/
	sà-wàt-dee khráp /sà-wàt-dee khâ/
Thank you.	ขอบคุณครับ /ค่ะ/
	khòrp khun khráp /khâ/
Good bye.	สวัสดีครับ /สวัสดีค่ะ/
	sà-wàt-dee khráp /sà-wàt-dee khâ/
Yes.	ใช่
	châi
No.	ไม่ใช่
	mâi châi
I don't know.	ผม /ฉัน/ ไม่ทราบ
	phǒm /chǎn/ mâi-sâap
Where? | Where to? | When?	ที่ไหน | ไปที่ไหน | เมื่อไหร่
	thêe nǎi | bpai thêe nǎi | mêua rài

I need ...	ผม /ฉัน/ ต้องการ...
	phǒm /chǎn/ dtôrng gaan...
I want ...	ผม /ฉัน/ ต้องการ...
	phǒm /chǎn/ dtôrng gaan...
Do you have ...?	คุณมี...ไหมครับ /คะ/
	khun mee...mǎi khráp /khá/
Is there a ... here?	ที่นี่มี...ไหม
	thêe nêe mee...mǎi
May I ...?	ผม /ฉัน/ ขออนุญาต...
	phǒm /chǎn/ khǒr a-nú-yâat...
..., please (polite request)	โปรด...
	bpròht...

I'm looking for ...	ผม /ฉัน/ กำลังหา...
	phǒm /chǎn/ gam-lang hǎa...
the restroom	ห้องน้ำ
	hôrng náam
an ATM	เอทีเอ็ม
	ay thee em
a pharmacy (drugstore)	ร้านขายยา
	ráan khǎai yaa
a hospital	โรงพยาบาล
	rohng phá-yaa-baan
the police station	สถานีตำรวจ
	sà-thǎa-nee dtam-rùat
the subway	รถไฟใต้ดิน
	rót fai dtâi din

a taxi	รถแท็กซี่
	rót tháek-sêe
the train station	สถานีรถไฟ
	sà-thăa-nee rót fai

My name is …	ผม /ฉัน/ ชื่อ...
	phŏm /chăn/ chêu…
What's your name?	คุณชื่ออะไรครับ /คะ/
	khun chêu a-rai khráp /khá/
Could you please help me?	ขอช่วยผมหน่อยครับ /ขอช่วยฉันหน่อยคะ/
	khŏr chûay phŏm nòi khráp /khŏr chûay chăn nòi khá/
I've got a problem.	ผม /ฉัน/ มีปัญหา
	phŏm /chăn/ mee bpan-hăa
I don't feel well.	ผม /ฉัน/ รู้สึกไม่สบาย
	phŏm /chăn/ róo sèuk mâi sà-baai
Call an ambulance!	ขอเรียกรถพยาบาล!
	khŏr rîak rót phá-yaa-baan
May I make a call?	ผม /ฉัน/ โทรศัพท์ได้ไหม
	phŏm /chăn/ thoh-rá-sàp dâai măi

I'm sorry.	ขอโทษ
	khŏr thôht
You're welcome.	ไม่เป็นไรครับ /คะ/
	mâi bpen rai khráp /khâ/

I, me	ผม /ฉัน/
	phŏm /chăn/
you (inform.)	คุณ
	khun
he	เขา
	khăo
she	เธอ
	ther
they (masc.)	พวกเขา
	phûak khăo
they (fem.)	พวกเขา
	phûak khăo
we	เรา
	rao
you (pl)	คุณทั้งหลาย
	khun tháng lăai
you (sg, form.)	ท่าน
	thân

ENTRANCE	ทางเข้า
	thaang khâo
EXIT	ทางออก
	thaang òrk
OUT OF ORDER	เสีย
	sĭa

CLOSED	**ปิด** bpìt
OPEN	**เปิด** bpèrt
FOR WOMEN	**สำหรับผู้หญิง** sǎm-ràp phôo yǐng
FOR MEN	**สำหรับผู้ชาย** sǎm-ràp phôo chaai

MINI DICTIONARY

This section contains 250 useful words required for everyday communication. You will find the names of months and days of the week here. The dictionary also contains topics such as colors, measurements, family, and more

T&P Books Publishing

DICTIONARY CONTENTS

1. Time. Calendar	79
2. Numbers. Numerals	80
3. Humans. Family	81
4. Human body	82
5. Clothing. Personal accessories	83
6. House. Apartment	84

T&P Books Publishing

1. Time. Calendar

time	เวลา	way-laa
hour	ชั่วโมง	chûa mohng
half an hour	ครึ่งชั่วโมง	khrêung chûa mohng
minute	นาที	naa-thee
second	วินาที	wí-naa-thee
today (adv)	วันนี้	wan née
tomorrow (adv)	พรุ่งนี้	phrûng-née
yesterday (adv)	เมื่อวานนี้	mêua waan née
Monday	วันจันทร์	wan jan
Tuesday	วันอังคาร	wan ang-khaan
Wednesday	วันพุธ	wan phút
Thursday	วันพฤหัสบดี	wan phá-réu-hàt-sà-bor-dee
Friday	วันศุกร์	wan sùk
Saturday	วันเสาร์	wan săo
Sunday	วันอาทิตย์	wan aa-thít
day	วัน	wan
working day	วันทำงาน	wan tham ngaan
public holiday	วันนักขัตฤกษ์	wan nák-khàt-rêrk
weekend	วันสุดสัปดาห์	wan sùt sàp-daa
week	สัปดาห์	sàp-daa
last week (adv)	สัปดาห์ก่อน	sàp-daa gòrn
next week (adv)	สัปดาห์หน้า	sàp-daa nâa
in the morning	ตอนเช้า	dtorn cháo
in the afternoon	ตอนบ่าย	dtorn bàai
in the evening	ตอนเย็น	dtorn yen
tonight (this evening)	คืนนี้	kheun née
at night	กลางคืน	glaang kheun
midnight	เที่ยงคืน	thîang kheun
January	มกราคม	mók-gà-raa khom
February	กุมภาพันธ์	gum-phaa phan
March	มีนาคม	mee-naa khom
April	เมษายน	may-săa-yon
May	พฤษภาคม	phréut-sà-phaa khom
June	มิถุนายน	mí-thù-naa-yon
July	กรกฎาคม	gà-rá-gà-daa-khom
August	สิงหาคม	sĭng hăa khom

September	กันยายน	gan-yaa-yon
October	ตุลาคม	dtù-laa khom
November	พฤศจิกายน	phréut-sà-jì-gaa-yon
December	ธันวาคม	than-waa khom

in spring	ฤดูใบไม้ผลิ	réu-doo bai máai phlì
in summer	ฤดูร้อน	réu-doo rórn
in fall	ฤดูใบไม้ร่วง	réu-doo bai máai rûang
in winter	ฤดูหนาว	réu-doo năao

month	เดือน	deuan
season (summer, etc.)	ฤดูกาล	réu-doo gaan
year	ปี	bpee

2. Numbers. Numerals

0 zero	ศูนย์	sŏon
1 one	หนึ่ง	nèung
2 two	สอง	sŏrng
3 three	สาม	săam
4 four	สี่	sèe

5 five	ห้า	hâa
6 six	หก	hòk
7 seven	เจ็ด	jèt
8 eight	แปด	bpàet
9 nine	เก้า	gâo
10 ten	สิบ	sìp

11 eleven	สิบเอ็ด	sìp èt
12 twelve	สิบสอง	sìp sŏrng
13 thirteen	สิบสาม	sìp săam
14 fourteen	สิบสี่	sìp sèe
15 fifteen	สิบห้า	sìp hâa

16 sixteen	สิบหก	sìp hòk
17 seventeen	สิบเจ็ด	sìp jèt
18 eighteen	สิบแปด	sìp bpàet
19 nineteen	สิบเก้า	sìp gâo

20 twenty	ยี่สิบ	yêe sìp
30 thirty	สามสิบ	săam sìp
40 forty	สี่สิบ	sèe sìp
50 fifty	ห้าสิบ	hâa sìp

60 sixty	หกสิบ	hòk sìp
70 seventy	เจ็ดสิบ	jèt sìp
80 eighty	แปดสิบ	bpàet sìp
90 ninety	เก้าสิบ	gâo sìp
100 one hundred	หนึ่งร้อย	nèung rói

200 two hundred	สองร้อย	sŏrng rói
300 three hundred	สามร้อย	săam rói
400 four hundred	สี่ร้อย	sèe rói
500 five hundred	ห้าร้อย	hâa rói
600 six hundred	หกร้อย	hòk rói
700 seven hundred	เจ็ดร้อย	jèt rói
800 eight hundred	แปดร้อย	bpàet rói
900 nine hundred	เก้าร้อย	gâo rói
1000 one thousand	หนึ่งพัน	nèung phan
10000 ten thousand	หนึ่งหมื่น	nèung mèun
one hundred thousand	หนึ่งแสน	nèung săen
million	ล้าน	láan
billion	พันล้าน	phan láan

3. Humans. Family

man (adult male)	ผู้ชาย	phôo chaai
young man	ชายหนุ่ม	chaai nùm
woman	ผู้หญิง	phôo yĭng
girl (young woman)	หญิงสาว	yĭng săao
old man	ชายชรา	chaai chá-raa
old woman	หญิงชรา	yĭng chá-raa
mother	มารดา	maan-daa
father	บิดา	bì-daa
son	ลูกชาย	lôok chaai
daughter	ลูกสาว	lôok săao
parents	พ่อแม่	phôr mâe
child	เด็ก, ลูก	dèk, lôok
children	เด็กๆ	dèk dèk
stepmother	แม่เลี้ยง	mâe líang
stepfather	พ่อเลี้ยง	phôr líang
grandmother	ย่า, ยาย	yâa, yaai
grandfather	ปู่, ตา	bpòo, dtaa
grandson	หลานชาย	lăan chaai
granddaughter	หลานสาว	lăan săao
grandchildren	หลานๆ	lăan
uncle	ลุง	lung
aunt	ป้า	bpâa
nephew	หลานชาย	lăan chaai
niece	หลานสาว	lăan săao
wife	ภรรยา	phan-rá-yaa
husband	สามี	săa-mee

married (masc.)	แต่งงานแล้ว	dtàeng ngaan láew
married (fem.)	แต่งงานแล้ว	dtàeng ngaan láew
widow	แม่หม้าย	mâe mâai
widower	พ่อหม้าย	phôr mâai
name (first name)	ชื่อ	chêu
surname (last name)	นามสกุล	naam sà-gun
relative	ญาติ	yâat
friend (masc.)	เพื่อน	phêuan
friendship	มิตรภาพ	mít-dtrà-phâap
partner	หุ้นส่วน	hûn sùan
superior (n)	ผู้บังคับบัญชา	phôo bang-kháp ban-chaa
colleague	เพื่อนร่วมงาน	phêuan rûam ngaan
neighbors	เพื่อนบ้าน	phêuan bâan

4. Human body

body	ร่างกาย	râang gaai
heart	หัวใจ	hŭa jai
blood	เลือด	lêuat
brain	สมอง	sà-mŏrng
bone	กระดูก	grà-dòok
spine (backbone)	สันหลัง	săn lăng
rib	ซี่โครง	sêe khrohng
lungs	ปอด	bpòrt
skin	ผิวหนัง	phĭw năng
head	หัว	hŭa
face	หน้า	nâa
nose	จมูก	jà-mòok
forehead	หน้าผาก	nâa phàak
cheek	แก้ม	gâem
mouth	ปาก	bpàak
tongue	ลิ้น	lín
tooth	ฟัน	fan
lips	ริมฝีปาก	rim fĕe bpàak
chin	คาง	khaang
ear	หู	hŏo
neck	คอ	khor
eye	ตา	dtaa
pupil	รูม่านตา	roo mâan dtaa
eyebrow	คิ้ว	khíw
eyelash	ขนตา	khŏn dtaa
hair	ผม	phŏm
hairstyle	ทรงผม	song phŏm

mustache	หนวด	nùat
beard	เครา	krao
to have (a beard, etc.)	ลองไว้	lorng wái
bald (adj)	หัวล้าน	hǔa láan

hand	มือ	meu
arm	แขน	khǎen
finger	นิ้ว	níw
nail	เล็บ	lép
palm	ฝ่ามือ	fàa meu

shoulder	ไหล่	lài
leg	ขา	khǎa
knee	หัวเข่า	hǔa khào
heel	ส้นเท้า	sôn tháo
back	หลัง	lǎng

5. Clothing. Personal accessories

clothes	เสื้อผ้า	sêua phâa
coat (overcoat)	เสื้อโค้ท	sêua khóht
fur coat	เสื้อโค้ทขนสัตว์	sêua khóht khǒn sàt
jacket (e.g., leather ~)	แจ็คเก็ต	jáek-gèt
raincoat (trenchcoat, etc.)	เสื้อกันฝน	sêua gan fǒn

shirt (button shirt)	เสื้อ	sêua
pants	กางเกง	gaang-gayng
suit jacket	แจ็คเก็ตสูท	jàek-gèt sòot
suit	ชุดสูท	chút sòot

dress (frock)	ชุดเดรส	chút draet
skirt	กระโปรง	grà bprohng
T-shirt	เสื้อยืด	sêua yêut
bathrobe	เสื้อคลุมอาบน้ำ	sêua khlum àap náam
pajamas	ชุดนอน	chút norn
workwear	ชุดทำงาน	chút tam ngaan

underwear	ชุดชั้นใน	chút chán nai
socks	ถุงเท้า	thǔng tháo
bra	ยกทรง	yók song
pantyhose	ถุงน่องเต็มตัว	thǔng nôrng dtem dtua
stockings (thigh highs)	ถุงน่อง	thǔng nôrng
bathing suit	ชุดว่ายน้ำ	chút wâai náam

hat	หมวก	mùak
footwear	รองเท้า	rorng tháo
boots (e.g., cowboy ~)	รองเท้าบูท	rorng tháo bòot
heel	ส้นรองเท้า	sôn rorng tháo
shoestring	เชือกรองเท้า	chêuak rorng tháo
shoe polish	ยาขัดรองเท้า	yaa khàt rorng tháo

gloves	ถุงมือ	thŭng meu
mittens	ถุงมือ	thŭng meu
scarf (muffler)	ผ้าพันคอ	phâa phan khor
glasses (eyeglasses)	แว่นตา	wâen dtaa
umbrella	ร่ม	rôm
tie (necktie)	เนคไท	nâyk-thai
handkerchief	ผ้าเช็ดหน้า	phâa chét-nâa
comb	หวี	wěe
hairbrush	แปรงหวีผม	bpraeng wěe phŏm
buckle	หัวเข็มขัด	hǔa khěm khàt
belt	เข็มขัด	khěm khàt
purse	กระเป๋าถือ	grà-bpǎo thěu

6. House. Apartment

apartment	อพาร์ตเมนต์	a-phâat-mayn
room	ห้อง	hôrng
bedroom	ห้องนอน	hôrng norn
dining room	ห้องรับประทานอาหาร	hôrng ráp bprà-thaan aa-hăan
living room	ห้องนั่งเล่น	hôrng nâng lên
study (home office)	ห้องทำงาน	hôrng tham ngaan
entry room	ห้องเข้า	hôrng khâo
bathroom (room with a bath or shower)	ห้องน้ำ	hôrng náam
half bath	ห้องส้วม	hôrng sûam
vacuum cleaner	เครื่องดูดฝุ่น	khrêuang dòot fùn
mop	ไม้ถูพื้น	mái thŏo phéun
dust cloth	ผ้าเช็ดพื้น	phâa chét phéun
short broom	ไม้กวาดสั้น	máai gwàat sân
dustpan	ที่ตักผง	têe dtàk phŏng
furniture	เครื่องเรือน	khrêuang reuan
table	โต๊ะ	dtó
chair	เก้าอี้	gâo-êe
armchair	เก้าอี้เท้าแขน	gâo-êe tháo khăen
mirror	กระจก	grà-jòk
carpet	พรม	phrom
fireplace	เตาผิง	dtao phǐng
drapes	ผ้าแขวน	phâa khwăen
table lamp	โคมไฟตั้งโต๊ะ	khohm fai dtâng dtó
chandelier	โคมระย้า	khohm rá-yáa
kitchen	ห้องครัว	hôrng khrua
gas stove (range)	เตาแก๊ส	dtao gàet

electric stove	เตาไฟฟ้า	dtao fai-fáa
microwave oven	เตาอบไมโครเวฟ	dtao òp mai-khroh-we p
refrigerator	ตู้เย็น	dtôo yen
freezer	ตู้แช่แข็ง	dtôo châe khǎeng
dishwasher	เครื่องล้างจาน	khrêuang láang jaan
faucet	ก็อกน้ำ	gòk náam
meat grinder	เครื่องบดเนื้อ	khrêuang bòt néua
juicer	เครื่องคั้นน้ำผลไม้	khrêuang khán náam phǒn-lá-mái
toaster	เครื่องปิ้งขนมปัง	khrêuang bping khà-nǒm bpang
mixer	เครื่องปั่น	khrêuang bpàn
coffee machine	เครื่องชงกาแฟ	khrêuang chong gaa-fae
kettle	กาน้ำ	gaa náam
teapot	กาน้ำชา	gaa náam chaa
TV set	ทีวี	thee-wee
VCR (video recorder)	เครื่องบันทึกวิดีโอ	khrêuang ban-théuk wí-dee-oh
iron (e.g., steam ~)	เตารีด	dtao rêet
telephone	โทรศัพท์	thoh-rá-sàp

www.ingramcontent.com/pod-product-compliance
Lightning Source LLC
Chambersburg PA
CBHW071504070426
42452CB00041B/2293